ASUNTOS DE VENUS

ASUNTOS DE VENUS

ASTROLOGÍA
DEL PLACER

Lu Gaitán

ILUSTRACIONES DE ELSA SUÁREZ GIRARD

© Lucía Inés Gaitán, 2019
© de la presente edición, Ediciones Koan, s.l., 2022
c/ Mar Tirrena, 5, 08912 Badalona
www.koanlibros.com • info@koanlibros.com
ISBN: 978-84-18223-46-4 • Depósito legal: B-2974-2022
Diseño de cubiertas de colección: Claudia Burbano de Lara
Ilustración de la cubierta: Male Ehul / @male.ehul
Ilustraciones de interior: Elsa Suárez Girard
Maquetación: Cuqui Puig
Impresión y encuadernación: Romanyà Valls
Impreso en España / *Printed in Spain*

Los nombres de los personajes y algunos escenarios han sido
modificados para mantener la intimidad de los consultantes.

1ª edición, junio de 2022

A la Diosa que vive en la Naturaleza

CONTENIDO

PRÓLOGO

Una noche soñé con el libro *Las diosas de cada mujer*; mi terapeuta astrólogo me había hablado de los arquetipos, la mitología y los dioses. Al día siguiente fui a comprarme ese libro y resultó ser una de las llaves para destrabar el proceso que había empezado unos meses atrás. El complejo mundo de lo femenino, la autoestima, las relaciones y las mujeres. Era el año 2009 y acababa de graduarme como politóloga. La carrera había sido una parte fundamental de mi vida; le había dedicado muchísimo tiempo y energía, pero ahora no sabía qué hacer con eso. La crisis no era solamente vocacional: venía de una relación de pareja violenta y abusiva. ¿Cómo podía ser que una mujer universitaria como yo, hija de padres militantes de izquierda, hubiese entrado en una relación así?

Pero a la vida no le interesan demasiado estas categorías. A ella le encanta recordarme, una y otra vez, que no hay forma de estar exenta de los asuntos humanos. Tuve que reconocer mi humanidad, mis relaciones conflictivas. Tenía mucho que elaborar en ese terreno, y también, por añadidura, en el de la sexualidad. Ese «no saber qué hacer» resultó la oportunidad para descubrir el mundo de la astrología. O mejor dicho, para redescubrirlo.

La astrología me rondaba desde pequeña, pero no había tenido el valor de explorarla. Así fue como en el medio de una crisis, la astrología entró de lleno en mi vida y al año siguiente comencé a estudiar este lenguaje en la escuela Casa XI. Con muchas preguntas, unas cuantas respuestas y otra vez preguntas.

La astrología es un lenguaje que tiene una dimensión técnica, racional y lógica; pero también un importante componente de intuición, sensibilidad y sutileza. Es muchísimo más que una herramienta. Concebirla así es considerarla como algo externo, que se usa cuando uno quiere y se descarta cuando ya no. Comprender que la astrología es una forma de percibir la realidad, ver, sentir y andar por el mundo me llevó mucho tiempo.

Antes que ser astróloga, soy mujer. Tuve muchas relaciones de pareja a lo largo de mi vida. Creo que estoy en pareja desde los trece años. Tengo historias que duraron dos noches, seis meses o unos cuantos años. Nada exótico para una mujer urbana y porteña. Algunas fueron divertidas, otras insulsas, un par bastante trágicas y algunas más felices y maduras. Un día descubrí que pese a los dolores hiperprofundos que atravesé, había algo que disfrutaba: contar lo que me había pasado. Según dicen, tengo una buena capacidad para racionalizar y analizar lo que me pasa, aunque me esté desgarrando por dentro. También descubrí que esos dolores me abrieron la capacidad para conectar con el dolor ajeno, que es en realidad mi dolor también, porque parto de la base en que «lo personal es político». Político como sinónimo de colectivo. Entonces eso que yo creo que es mi dolor y el de nadie más en realidad responde a esquemas muchísimo más grandes que mi biografía. Lo que está de fondo es la pauta arquetípica.

Un arquetipo es un modelo preestablecido de comportamientos, pensamientos y sentimientos. ¿De dónde vienen? Parece que en los orígenes de los tiempos había muy pocos seres humanos en la Tierra y cada miembro de la población tenía un rol muy marcado: jefe de la tribu, chamán o chamana, nodriza, guerrero, etcétera. Esas funciones tan específicas son parte de una memoria que llega hasta nuestros días y que está instalada en lo que llamamos la psiquis colectiva, que a su vez está encarnada en la psiquis individual. Entonces, todos tenemos algún asunto con nuestros padres, la pareja, los hijos o el trabajo. Una herida, un trauma, un vacío existencial, algún tema con la comida, el arraigo o el exilio. Porque, insisto, son temáticas colectivas. A cada uno de nosotros nos toca una porción de estos temas, algunos más importantes que otros. De eso habla la astrología y nuestra carta natal: de los dilemas humanos, ¿cuál es el que tiene más presencia en nuestra vida?

Cuando hacemos elecciones polarizadas o basadas en extremos, estamos actuando arquetípicamente. Un ejemplo en el que podemos ver esto con claridad es que tenemos disociada la imagen de la mujer que es madre de la que es amante. ¿O acaso no nos estremecemos cuando una mujer embarazada tiene como amante a alguien que no es el padre de su hijo? Es la primera reacción. Es posible que después lleguemos a instancias donde eso esté naturalizado o aceptado como parte del menú de experiencias humanas. Si hay algo que he aprendido es que todas las opciones son posibles. Pero en principio hay un rechazo que nace de nuestra polarización interna. Dicho de otro modo, estamos más acostumbrados al blanco o negro que a la variedad de colores que puedan existir, y esto es porque los arquetipos están operando.

El tarot es también un lenguaje simbólico y arquetípico. No lo recuerdo bien, pero estoy casi segura de que llegó a mí de la mano de mi amiga Karen Díaz. Con ella tomé clases durante unos meses y luego seguí explorando y estudiando por mi cuenta. No me considero experta en tarot, aunque muchas veces uso las cartas en mis sesiones y en mi vida personal como una forma de abrir aún más la mirada. En este libro voy a hacer referencia a algunas cartas de tarot, además de a la conexión con las diosas explicada por Jean Shinoda Bolen; su maravilloso libro resultó la contraseña para el proceso en el que estaba. Todas esas diosas y dioses del panteón habitan en mí, solo que me identifico más con algunos que con otros. Seguramente a ti te pase lo mismo. La información que proviene de las historias de los dioses y que están presentes en los mitos no tiene como función que actuemos de acuerdo a sus formas de proceder. Se trata más bien de guías en el proceso de descubrimiento personal y del entramado vincular y social del que formamos parte. Aunque sabemos que los dioses no existen realmente, estos representan los principios dinámicos de la psique humana. Los dioses son personificaciones de los poderes de la naturaleza y de lo que experimentamos los seres humanos: el deseo, la voluntad, el instinto, el impulso, el pensamiento, el sentimiento, la intuición, el amor, la belleza, la fuerza, la sabiduría, el miedo, la libertad, etcétera. Las historias de los dioses y diosas y sus interacciones son la representación de los conflictos que vivimos los seres humanos y formas posibles de resolución. Ahí es donde están operando los arquetipos.

Cuando captamos la pauta arquetípica, resulta muy sencillo entender cómo está funcionando una persona, relación o situación, porque responde a un modelo predeterminado de conductas. Los arquetipos son cerrados y dejan información afuera, pero a la vez tienen cierto dinamismo, por eso incluyen modificaciones de época y contextuales. Para ejemplificar, repasemos el arquetipo de la Amazona de la Antigüedad: usaba arco y flecha, iba semidesnuda y montaba un caballo. Probablemente la Amazona de nuestros días tenga un iPhone, ande en bicicleta o esté rapada, con *piercings* y tatuajes y haya ido a todas las manifestaciones de Ni Una Menos. Como estamos hablando de arquetipos, es fácil que se convierta en una imagen estereotipada. Pese a lo que creemos habitualmente, la astrología habla de cuestiones que son personales pero que están atravesadas por dinámicas colectivas.

Encarnar un arquetipo es como ir por la autopista, vamos rápido y no hay semáforos, pero estamos yendo a una velocidad que no necesariamente es orgánica y auténtica para nuestro ser. Andar por fuera de la vía que marca el arquetipo es como ir por el camino secundario. Por momentos puede ser complicado y engorroso, pero también nos permite ver paisajes que no hubiésemos descubierto si hubiéramos ido por autopista. Esta metáfora aplica a la vida individual. Si hacemos lo que corresponde, la sociedad nos va a aplaudir, pero si buscamos otra vía, lo más probable es que sintamos que estamos viviendo en el exilio, que no pertenecemos a ningún lugar.

La astrología, la mitología y el tarot hablan de pautas arquetípicas. Primero las dejan en evidencia y luego abren la posibilidad de desarrollar una vía alternativa, que, por supuesto, implica mucho trabajo. Por eso, cuando estoy haciendo una lectura de la carta natal, siento que hay una parte de mí que ya lo vivió. No siempre de un modo literal —aunque a veces las coincidencias parecen hologramas—, sino porque la forma de relacionarnos está en la psiquis colectiva y nos manejamos en base a estos patrones. Por eso nos impactan tanto la astrología, el tarot y la mitología: porque hablan de cuestiones que son comunes a todos. Caemos en la trampa de creernos absolutamente únicos e irrepetibles, cuando está claro que somos producto de un entramado muchísimo más grande.

Las individualidades importan, claro que sí. Porque lo colectivo no es una entidad abstracta, sino que se manifiesta a través de individuos. Y si queremos que lo grande se modifique, necesitamos hacer un ejercicio de observación individual profundo para percibir en qué lugar y cómo están instaladas estas pautas colectivas en cada uno de nosotros. Este trabajo de indagación individual es a la vez colectivo, porque tendrá impacto en nuestros vínculos y en la sociedad de la que formamos parte; aquí es donde aparece la carta natal, el mapa del ser individual que está atravesado por dinámicas mayores, no solo en el sentido astrológico de conexión con el cosmos, sino con la sociedad y la época en la que vive.

Este libro es producto de mis experiencias, de historias de amigas y amigos y de todas las personas que me abrieron su corazón en la consulta. A todas ellos, gracias. Siempre.

INTRODUCCIÓN

VENUS ASTROLÓGICA

Venus es el planeta regente de Libra y Tauro y, como tal, tiene dos funciones.

El regente es el planeta que dirige la energía, el que timonea o gobierna. Cada una de las funciones de Venus se deduce por analogía con esos dos signos.

Venus, en tanto regente de Libra, habla de nuestra capacidad para vincularnos, asociarnos y entrar en la dinámica de dar y recibir en el marco de una relación de pares. Es importante remarcar que la relación venusina es de paridad, porque estamos muy acostumbrados a las relaciones de poder o jerárquicas dentro de una relación, donde uno de los miembros del vínculo se instala en una posición de superioridad. A veces esta dinámica es muy evidente y otras, más sutil. Por ejemplo, cuando hay una descalificación de los orígenes, el entorno o el comportamiento del otro, o bien cuando una de las partes rebaja o enaltece a la otra o a sí misma (J. Garriga, 2013), o cuando convertimos al otro en nuestro hijo, madre, padre, maestro de vida o terapeuta. En estos casos la paridad se pierde y uno de los dos queda por encima del otro. Después de todo, Venus como regente de Libra tiene características proyectivas. Esto quiere decir que las cualidades que vemos en los otros son propias. Venus representa aquello que nos parece valioso o importante, entonces esas personas de las que nos enamoramos encarnan valores que nos parecen importantes y que necesitamos desarrollar en nuestra personalidad. Es así que Venus colabora con el desarrollo de la identidad individual, es decir, el Sol de la carta natal.

Venus busca en sus amores el reflejo de sí misma. Aquí aparece la cualidad narcisista de este planeta. Además, Venus es el planeta que habla de nuestra capacidad para seducir y despertar el deseo en los otros. Venus quiere que la miren, busca que la busquen, a menos que esté en Aries o Sagitario, o en aspecto a Marte o Júpiter, porque ahí se pone activa y cazadora, sigue buscando la atención de los demás pero no se encuentra a la espera, sino que sale a la carga.

Venus tiene una cualidad receptiva y pasiva. Esto no tiene una carga negativa. Tendemos a considerar que la receptividad y la pasividad son malas porque vivimos en un mundo que valora la acción y la competencia, pero actuar venusinamente implica funcionar desde el nivel de la atracción o el magnetismo, pero no hacer. Ella se sabe valiosa y funciona como un imán, así es como obtiene lo que quiere, sin hacer demasiados esfuerzos. Esto es lo que la astrología tradicional llama cualidad *femenina*, que siempre fue más evidente en las mujeres, pero que está en todos. Del mismo modo, salir a la carga, actuar, lanzarse y ser valiente son cualidades tradicionalmente denominadas *masculinas*. Al igual que con las femeninas, están presentes en todos, pero los hombres han tenido permiso para expresarlas. De hecho, el problema con el exceso de Venus en nuestra personalidad es que puede dar lugar a formas de comportamiento como la pereza y la apatía.

Parte de aceptar lo venusino en nuestra personalidad implica incorporar la rivalidad y la competencia, territorios dirigidos por Marte, porque si no simplemente nos quedaremos con lo que está disponible y no con aquello que realmente deseamos.

En el marco de las sesiones me ha pasado que le he dicho a algún hombre que tenía mucha energía femenina y se ha ofendido, preguntándome si lo estaba *acusando de ser gay*. Lo primero que le respondería, en ese contexto, es que si fuera gay no tendría necesidad de defenderse y, segundo, que lo femenino excede a las mujeres. Del mismo modo, me ha sucedido decirles a algunas mujeres, en clave descriptiva, que tienen mucha energía femenina, y también se ofendieron porque lo veían como algo malo.

¿A qué me refiero cuando digo «mucha energía femenina»? A que en su carta natal había planetas o un ascendente en signos de tierra (Tauro, Virgo, Capricornio) o agua (Cáncer, Escorpio, Piscis). Estas situaciones me llevaron a sacar varias conclusiones.

Una es que en Occidente valoramos la acción, el movimiento, la competencia y el uso de la mente por encima de lo emocional, la quietud, la paz y la tranquilidad. Nuestro mundo hace culto a la razón, la ciencia, la productividad, el dinero y el dominio de la naturaleza. Creo que visto de este modo es muy evidente por qué nos extraña o no terminamos de comprender la inteligencia femenina. Por otro lado, las categorías tradicionales de la astrología y del lenguaje esotérico pueden llegar a ser muy chocantes para quien no conoce esta disciplina y sus términos. No en vano se llama *esotérico*, que significa que está oculto a los sentidos y solamente lo pueden percibir quienes están iniciados en el tema. Este concepto entra en conflicto con el auge que la astrología tiene en estos momentos. Si un lenguaje esotérico alcanza niveles masivos de difusión, es muy fácil que haya errores de interpretación o que en el intento de hacerlo más accesible pierda su profundidad. Esto es algo que ocurre con todo lo que se vuelve masivo. Con el yoga, un mundo que conozco de primera mano, sucede algo parecido. De repente las redes sociales están llenas de yoguis haciendo posturas increíbles y creemos que el yoga es solamente una acrobacia.

Otra interpretación que hacemos del yoga y que vale por igual para la astrología es que funcionan como pastillas rosas para no sufrir. Lo más probable es que nuestra calidad de vida mejore con ellas y que alcancemos niveles de comprensión que antes eran imposibles, pero el dolor y la incomodidad van a seguir siendo parte de la existencia. Así, nos enfrentamos con la complejidad de difundir estos conocimientos, a sabiendas de que pueden llegar a ser un producto más de la sociedad de consumo en la que vivimos, que se desechan fácilmente. Buena parte de mi trabajo transcurre en las redes sociales, así que también hablo desde mi propia experiencia. Algo que he aprendido es que las cosas nunca se presentan puras: ni totalmente buenas ni malas.

Las categorías tradicionales de «femenino» y «masculino» nombran los polos de un espectro. Estos polos conforman una totalidad que está presente en todo lo manifestado, pero no hay ninguna norma biológica, moral o ética que establezca que las personas tengan que ser de un modo u otro. Los feminismos y la fuerza creciente del colectivo LGTBIQ me han atravesado por completo en estos últimos años. Es por eso que he decidido dejar de utilizar las categorías de femenino y masculino, entendiendo que sí existe lo emocional, la quietud, la tranquilidad, la apertura y la introspección por un lado, y por otro, la fuerza, la acción, el movimiento, la extroversión y lo desafiante, pero ya no quiero nombrarlos de ese modo. Todas estas cualidades habitan en nosotros y es la tarea de toda una vida lograr distintas síntesis, que luego abrirán la puerta para una nueva mutación y un nuevo cambio.

Creo que las palabras tienen una cualidad mágica, y que la forma que tenemos de nombrar crea realidad. Por eso, en vez de energía femenina, prefiero hablar de energía yin. En vez de referirme a la energía masculina, prefiero hablar de energía yang. Ya tenemos muchas normas y mandatos que nos dicen cómo tenemos que comportarnos. No deseo que la astrología reproduzca estas lógicas. Al contrario, creo que la astrología puede tener una función emancipadora.

Si confiamos en la astrología y la carta natal, y consideramos que allí encontramos un mapa de lo que podemos llegar a ser, entonces este libro puede servir como una pista, pero no como un manual de instrucciones que enseña cómo hay que ser o comportarse. En estas páginas encontrarás sugerencias o información que pueden ser útiles para ti, pero no son recetas. Tampoco voy a establecer reglas de compatibilidad astrológica que dicen con quién relacionarnos y con quién no. Este libro es producto de mi historia de vida y mi trabajo como astróloga. Espero que abra puertas y ventanas en tu interior, para que te hagas preguntas, para que te observes, para que investigues qué te da placer, qué te hace sentir bien o cómo te relacionas con los otros.

Venus, como regente de Libra, también representa qué es lo que nos parece bonito, es decir, nuestro criterio estético. ¿Por qué nos *lookeamos* de determinada manera y no de otra? Porque queremos dar una impresión específica a las personas que nos miran. Por supuesto que también lo hacemos por nuestro gusto y placer. Aquí es donde entra Venus como regente de Tauro.

Tauro es el segundo signo del zodíaco y funciona bajo el principio de «primero para mí y porque tengo ganas». Entonces, Venus como regente de Tauro nos lleva a la dimensión del autoplacer. Si Libra es un signo vincular, Tauro se caracteriza por estar centrado en sí mismo. Venus asociado a Tauro es el planeta que nos conecta con lo que consideramos valioso e importante.

Venus es también el planeta que habla de nuestra autoestima. Desarrollar nuestra Venus astrológica nos brinda la posibilidad de que nos sintamos a gusto en nuestra propia piel. En un mundo que nos empuja a ir detrás de un estándar único de belleza, desarrollar la Venus de nuestra carta natal es un acto cuasi revolucionario. De hecho, lo que está sucediendo a nivel global en este momento es que se están abriendo espacios para todas las bellezas. Una modelo negra con vitíligo, otra que tiene prótesis en las piernas, mujeres que eligen no depilarse ni maquillarse, mujeres gordas que se ponen lo que desean, sin prestar atención a los cánones tradicionales de «el bikini, la minifalda y el top son para mujeres delgadas», mujeres con pelo corto y ropa grande. Hablo de las mujeres porque siento que el peso de lo estético hegemónico es muchísimo más fuerte para nosotras que para los hombres, aunque poco a poco se hace más evidente que a ellos también les afecta. De hecho, cada vez más nos encontramos con hombres heterosexuales que se depilan, maquillan y quieren gustar y verse bien. Esto es sorprendente en algunos contextos, pero no para la mitología. Después de todo, Narciso era un hombre que cayó al lago debido a la fascinación que le produjo su propio reflejo. Por eso, el término *narcisista* se aplica a la persona que solo está pendiente de sí misma, bajo una fachada de simpatía y buenos modales.

Esto aplica bastante a algunas formas de expresión de Venus: ser amable y seductora buscando solo la satisfacción personal, un fin puramente egoísta. De hecho, Venus es el planeta que habla de nuestra autoestima, pero entre la autoestima y el narcisismo hay una delgada línea.

El narcisismo reduce a los demás a un simple medio para satisfacer nuestra necesidad de atención, elogios y concreción de deseos, y nos coloca por encima de ellos. La autoestima, en cambio, es aquello que nos lleva a sentirnos a gusto en nuestra piel, sin necesidad de menospreciar ni usar a nadie, y nos permite reconocer la importancia y el aporte de los otros. En esta era de redes sociales y *selfies*, sale a la luz esta cualidad narcisista que todos llevamos dentro en mayor o menor medida. Es posible, también, que te hayas topado con algún caso más complejo de tratar. Venus llevada al extremo.

Las mujeres hemos sido educadas para satisfacer a otros y estar atentas a sus necesidades. Más específicamente, las necesidades y los deseos de los hombres con los que nos vinculamos sexual y afectivamente. En este planteo, queda excluida la posibilidad de vincularnos con otras mujeres u otras identidades. Por eso es fundamental el trabajo con nuestra Venus natal. Tenemos aquí una llave para desarrollar temas como la autoestima, el placer y los vínculos en general. La Venus de nuestra carta natal nos permite rastrear en nuestra propia vida cómo nos llevamos con todo esto y entender que son problemáticas colectivas. ¿Cómo voy a sentirme a gusto con mi propio cuerpo si no veo personas que se parezcan a mí en los medios de comunicación? ¿Cómo voy a disfrutar del sexo si crecí en un entorno conservador y religioso? ¿Cómo puedo hacer *para que me vaya bien con la pareja* si vivimos en tiempos de amores líquidos? La pregunta venusina sería: ¿nos sentimos lo suficientemente valiosas como para darnos placer cada día? (L. Greene y H. Sasportas, 1996). ¿Qué espacio le doy a la masturbación? ¿Qué lugar ocupan las amistades en mi vida? Son preguntas para pensar en lo venusino. Aquí me dirijo específicamente a las mujeres, porque este mandato opera con fuerza sobre nosotras aunque Venus esté en la carta natal de todos, sin importar la identidad de género. De hecho, dentro del movimiento social y colectivo en torno a la cuestión de las identidades de género también hay cada vez más espacio para visibilizar una realidad que existe desde siempre: la de los travestis y trans.

En síntesis: Venus como planeta regente de Tauro nos da pistas sobre qué cosas o situaciones pueden ser placenteras y cuáles son nuestros valores y Venus como regente de Libra hace referencia a los vínculos. Insisto, vínculos de todo tipo.

Atracción es una palabra que define bastante bien a Venus. Otra forma de definir a este planeta es haciendo referencia a la gravedad.

Robert Glasscock dice: «La gravedad es otra manera de nombrar la atracción. Y la atracción es otra manera de nombrar el amor. De forma bastante literal, las órbitas planetarias de nuestro sistema solar se mantienen debido a una forma de amor que nos complacemos en llamar gravedad. Y el amor está simbolizado por Venus» (L. Greeney y H. Sasportas, 1996, p. 118). Es importante aclarar que atraemos lo que somos, no lo que nos gustaría llegar a ser.

Entonces, cuando nos enojamos a causa de las personas o situaciones que aparecen en nuestra vida, tratémonos con amor y con dulzura para poder aceptar eso que llega, aunque luego decidamos no vivirlo o ponerle un límite.

Afrodita es el nombre que los griegos daban a la diosa del amor, el romance y el placer, y Venus, su nombre romano. La cultura de Occidente es hija de estos dos pueblos y razón por la que nuestra astrología también apela al contenido simbólico de la mitología grecorromana. Según Jean Shinoda Bolen, Afrodita es una diosa alquímica, lo que significa que tiene la capacidad para transformar lo que hay. El encuentro nos transforma, pero también el amor que recibimos, el que damos en el marco de una relación y el que nos damos a nosotros mismos. Estas formas de amor son profundamente sanadoras. Qué maravilloso resulta el amor de otro cuando estamos heridos y desahuciados. Si el otro nos mira con ojos amorosos, receptivos, compasivos y dulces en un momento de máximo dolor, puede incluso recordarnos que todo ese amor está vivo en nuestro interior, más allá de la coyuntura. Cuando hablo de una relación, no necesariamente me refiero a las de pareja o sexuales-afectivas, sino que puede ser el vínculo con un terapeuta o una relación de amistad. Aquí hay una clave con Venus: que el amor y la apertura no sea solo en el marco de pareja, así como tampoco el placer, sino que sea el motor de todas nuestras relaciones y acciones.

Venus también es el planeta que se relaciona con nuestra capacidad para conciliar. En astrología mundana, es decir, la que tiene que ver con procesos colectivos, se celebran los tránsitos de Venus porque habilitan la posibilidad de lograr la paz y la armonía entre Estados o grupos dentro de un país. A menos que esté en Aries o Escorpio, dos signos asociados al conflicto, la lucha y la batalla. Además, en astrología nos manejamos con un principio energético-esotérico en el que un mismo planeta o signo puede tener una forma polarizada de manifestación densa, de baja vibración, lenta o estancada. Y otra forma polarizada, sutil, de alta vibración, rápida o fluida. Reitero que son formas polarizadas en un amplio espectro. En la lógica astrológica existe un reconocimiento de la variedad de formas que pueden existir en el medio.

Una de las manifestaciones densas de Venus es la superficialidad en lo estético. No estoy haciendo referencia a que esté mal tener un costado estético desarrollado, pero si nos perdemos la posibilidad de encontrarnos con otro porque nos fijamos únicamente en cómo está vestido, pasamos por alto una parte esencial de la dinámica vincular y el otro se convierte en un simple objeto de consumo. Después de todo, Venus es el planeta que pone belleza allí donde va y la belleza también es parte de la existencia. ¿Qué sería de nosotros sin la posibilidad de contemplar la belleza de una flor, sentir el olor de una rosa, escuchar a una persona que canta muy bien o entrar en una casa que tenga vista al mar?

Venus es un planeta que tiene mucha fuerza en la carta natal de los artistas, arquitectos, diseñadores de interior y de indumentaria, los cosmiatras y cosmetólogos, los maquilladores, las personas que se dedican a la atención al público, a la diplomacia, a las mediaciones y conciliaciones, los terapeutas de pareja, y a todo tipo de asesoramiento, las Relaciones Públicas, también los pasteleros y las personas que se dedican a preparar comidas dulces. Modelos y prostitutas son representantes, también, del principio venusino de belleza, placer y dinero. Venus no solo representa nuestro criterio de belleza, sino también áreas donde podemos ganar dinero fácilmente. Es complejo hablar de dinero cuando vivimos en este sistema desigual y opresivo, pero el principio venusino sostiene que si hacemos algo que nos gusta, entonces ese dinero llegará sin esfuerzo porque está sostenido por el placer.

¿Cómo llegamos a establecer que hay una presencia fuerte de Venus en una carta natal? Según varios criterios:

1. Sol, ascendente o Luna en Tauro o Libra.
2. Sol, Luna o planeta regente del ascendente en aspecto duro a Venus.
3. Venus en Casas 1, 4, 7, 10 y 12.

Hago una breve explicación de qué son las Casas en la carta natal.

Las Casas son áreas de la carta que hablan de escenarios específicos de la vida de los seres humanos. Hay una casa para el dinero, otra para la relación con los hermanos, los vecinos, los primos y los amigos, una casa que habla de la casa donde vivimos, de nuestra familia de origen, de las cosas que hacemos en nuestro tiempo libre, de los romances, de nuestro cuerpo y la salud, de la relación de pareja, nuestros enemigos, el sexo, el inconsciente personal, los estudios universitarios, los viajes, la profesión, lo que queremos mostrar al mundo, nuestra percepción del inconsciente colectivo, las características o vivencias que podemos llegar a tener en el tiempo que pasamos encerrados y aislados del mundo. ¿De dónde sale esta información? Se deduce por analogía con los signos del zodíaco. ¿De dónde viene todo esto?

La astrología es un lenguaje que está presente entre los seres humanos desde los orígenes de los tiempos y hay distintas versiones sobre su nacimiento y posterior desarrollo. En lo personal, hay dos que me parecen bastante convincentes.

La primera es que la astrología empieza a cobrar importancia en la medida que los seres humanos comienzan a asentarse y dejar el nomadismo; cuando se inicia el cultivo de sus propios alimentos y prestan atención a los ciclos de la naturaleza para establecer cuál es el momento para sembrar y cosechar. Con la aparición de la escritura, el conocimiento astrológico también dio un salto, porque fue más fácil dejar constancia de los descubrimientos que se fueron haciendo. El cuerpo de conocimiento sistematizado que conocemos bajo el nombre de *astrología* es producto de la observación y las conclusiones a las que han llegado los seres humanos a lo largo de la historia. ¿Será por eso que nos genera tanta fascinación y resonancia? ¿Será que el legado de los primeros humanos habita en nosotros? Yo creo que sí. Por otro lado, tiene mucho sentido que las mujeres hayan colaborado con el desarrollo del conocimiento astrológico, sobre todo porque debe haber existido un momento concreto en que habrán tomado conciencia de que el acto sexual está vinculado con la ausencia de sangrado primero, con el crecimiento de la panza después y con el nacimiento de un ser humano unos meses más tarde. A estas alturas no es un misterio que tanto el ciclo menstrual como el embarazo tienen una conexión directa con el movimiento y las fases de la Luna. Este cuerpo físico, que genéricamente llamamos planeta aunque sea un satélite, es el más cercano a la Tierra. Sus movimientos y sus ciclos están asociados a las subidas y bajadas de las mareas, pero también nuestros vaivenes emocionales y la hinchazón o liviandad del cuerpo. Recordemos que nuestro cuerpo está hecho de agua. ¿Cómo podríamos estar exentos de ese movimiento? Si se mueve en el cielo, se mueve en la Tierra, como un juego de espejos, pero no de causas.

Este principio fue expresado en *El Kybalión*, un tratado esotérico atribuido a un personaje misterioso llamado Hermes Trismegisto, que nadie sabe si en verdad existió, «Como es arriba, es abajo», reza el famoso axioma.

Es interesante recordar que la astrología es la percepción que los seres humanos tenemos del cielo, pero no necesariamente es lo que ocurre a nivel astronómico, por eso es una disciplina tan criticada por el mundo científico. En ese sentido, puedo comprender las críticas que se hacen a la astrología desde la astronomía, pero no puedo entender las que provienen del ámbito de las ciencias sociales o la psicología. Y si no, que alguien me diga en qué lugar del individuo se localiza el Ello y en qué lugar de la sociedad encontramos o medimos la superestructura.

En este libro tomaré fundamentalmente dos Casas: la segunda y la séptima. ¿Por qué? Porque son las áreas de la carta que están regidas por Venus. La Casa 2 es la casa taurina de la autoestima, aquello que valoramos, de dónde provienen nuestros recursos económicos y con qué podemos ganar dinero. Creo que es muy saludable que podamos generar ingresos con una actividad que esté vinculada a nuestra Venus natal y la Casa 2, porque de ese modo el trabajo puede ser fuente de placer y no solo una obligación. La Casa 7 es la casa del vínculo de dos, el encuentro con el otro, la pareja, la relación con un socio, el intercambio constante y permanente, y también el espacio de enfrentamiento con el otro, o como dice la astrología tradicional, del enemigo. Cuando hablamos de Venus, normalmente lo asociamos con el romance y la relación de pareja, pero

Venus trae información sobre aquello que valoramos en los demás y que está como potencia en nosotros. Lo que nos molesta de los demás también está en nosotros y lo ponemos en los demás, lo proyectamos. Todos esos temas son venusinos y de la Casa 7. Por último, me gustaría hacer una breve explicación sobre los aspectos.

Los aspectos están marcados en la carta natal con líneas rojas, azules, verdes o líneas punteadas. Un aspecto habla de un vínculo entre dos o más planetas y la característica de este aspecto estará dada por la distancia en grados que hay entre los planetas en cuestión. Si el ángulo es de 60, 72, 120 o 144 grados, la relación entre los planetas será fluida, por ende la vivencia de esos dos planetas vinculados estará libre de tensión. Estoy hablando del sextil, quintil, trígono o biquintil, en ese orden. Si el ángulo es de 0, 30, 45, 90, 135, 150 o 180 grados, habrá tensión entre ambos planetas. Los aspectos a los que estoy haciendo referencia son conjunción, semisextil, semicuadratura, cuadratura, sesquicuadratura, quincuncio y oposición. Daré un ejemplo para que se entienda mejor.

Supongamos que Venus está en trígono a Plutón, es decir, hay una distancia de 120 grados entre ambos planetas: las relaciones serán intensas, pero no desgarradoras. En cambio, si Venus está en oposición a Plutón, o sea 180 grados, las relaciones tendrán un componente de intensidad que será fuente de sufrimiento, a menos que la persona aprenda a hacer algo distinto con esa intensidad.

A la hora de leer este libro y sobre todo si sabes algo de astrología, construye tu Venus a medida, incluyendo los aspectos para tener una visión más completa.

En la mitología, la diosa del amor, la belleza, la paz, el arte y la armonía es Venus para los romanos y Afrodita para los griegos. Hay dos versiones sobre el nacimiento de Afrodita. Según Homero, era la hija de Zeus y Dione, una ninfa del mar. En la versión de Hesíodo, Afrodita nace como consecuencia de una acción brutal: Cronos, luego llamado Saturno, tomó una hoz, cortó los genitales de su padre Urano y los arrojó al mar. El esperma se mezcló con el mar y de allí nació Afrodita, que emergió de las aguas como una diosa adulta. Esta historia fue inmortalizada en el célebre cuadro de Botticelli: El nacimiento de Venus.

Es una mujer seductora que tiene múltiples amantes e historias de amor. En la mitología griega, está casada con Hefesto, pero tiene historias fuera del matrimonio.

El arquetipo venusino está asociado a la idea antigua y precristiana de virgen: mujeres que se pertenecen a sí mismas y no están entregadas a la vida doméstica y familiar, en ese sentido son puras y virginales, pero no son ni castas ni célibes. Eran mujeres que sabían no solo de artes amatorias y eran hermosas según los cánones de la época, sino que también conocían de arte, filosofía y cultura.

Venus y la Luna son los indicadores astrológicos del amor, pero desde lugares completamente distintos: la Luna busca la estabilidad y la seguridad en sus vínculos, mientras que Venus va detrás de la magia del encuentro, el chispazo y el enamoramiento. Normalmente, la Luna está asociada a la maternidad y está vinculada a la diosa Deméter. Afrodita tiene algunos hijos, como Eneas, pero nunca es representada en la iconografía con un bebé en los brazos. Afrodita es también la madre de Eros/Cupido, quien la acompaña en sus andanzas y dispara flechas por donde va. Es el responsable del famoso «flechazo» que nos hace romper con relaciones preestablecidas o nos saca de la cotidianeidad y el aburrimiento. Parece que las Venus en signos como Tauro, Géminis, Leo, Libra y Piscis responden a las historias de Afrodita, pero las que están en otros signos se relacionan con otras diosas como Artemisa, Atenea, Deméter, Hera o Hestia, donde el romance aparece como algo secundario o accesorio. Por supuesto que también tienen su propio criterio estético y su forma de relacionarse con otros, pero su funcionamiento no está estrictamente conectado a Afrodita.

Afrodita, en el mito, es extremadamente vanidosa; le encanta ser «la más bonita». Esto aparece también en la dimensión libriana de Venus.

Libra es el signo que busca constantemente la mirada del otro, porque de ese modo se reconoce y se encuentra a sí mismo. En uno de los relatos míticos de Afrodita, nos encontramos a Psique, una mortal, que es extremadamente bella y por ello es comparada con la diosa. Afrodita, celosa, le prepara un final malicioso, aunque después de muchas idas y vueltas, Psique termina convirtiéndose en la esposa de Eros, de cuya unión nace Hedoné —para los griegos— o Voluptas —para los romanos—, la personificación del placer sensual y el deleite.

Los celos de Afrodita están asociados a Venus como regente de Tauro, un signo con tendencia a la posesividad. ¿Cómo desarmar los celos? No sé si existe una receta, pero es uno de los temas de Venus. Muchas veces no nos atrevemos a reconocer que estamos celosos, nos parece algo de la época de las cavernas. Sobre todo con tanto juicio dando vueltas acerca de cómo deberíamos sentirnos. Circula un mandato de la emocionalidad *cool*. Es muy posible que digas «no soy celosa», porque en el imaginario colectivo la única forma de celar es con paranoia, desconfianza y rompiendo platos. Está claro que esa es una forma de celos, pero hay otras versiones más sutiles. Podría ponerme celosa porque fulanita tiene más *likes* que yo en Instagram, porque se ve muy hermosa en las fotos que publica o porque parece que tiene una vida de lujos. Celos no, pero se parece bastante a la envidia, una prima hermana de los celos.

Los celos pueden aparecer porque sentimos que la relación está en riesgo y que el otro se está alejando. ¿Has notado que las alarmas de los coches y de las casas se activan en algunas ocasiones debido a un ruido muy fuerte y en otras porque entró un gato? Algo así sucede con los celos. Estamos tan sensibles que todo es un peligro. Por otro lado, es cierto que hay personas que disfrutan o buscan que su pareja se ponga celosa, como una forma de llamar la atención o recordarle que la relación no está garantizada. No importa lo que nuestra pareja hace objetivamente, lo que importa es por qué nos afecta tanto o por qué nos hace sufrir de ese modo. En el fondo encontramos una actitud narcisista: que tu pareja encuentre a otra persona atractiva o magnética no te hace a ti menos interesante. Si tu autoestima depende solamente de que tu pareja te esté mirando, la sensación de valor propio tiene raíces muy frágiles. No es responsabilidad de tu pareja darte ese valor. Es tu tarea darte placer, amor y ser tu prioridad, o sea, desarrollar tu Venus.

Por otro lado, los celos son repudiados socialmente porque a estas alturas sabemos que funcionan como la semilla de la violencia en relaciones de pareja abusivas, aunque no siempre que haya celos se llega a esos extremos. La persona que los siente tiene además la certeza de que el otro se va a fastidiar y se va a ir de la relación. El sufrimiento no solo aparece porque sentimos que la relación está en riesgo, sino porque de manera inconsciente empujamos la relación hacia su fin. Muchas veces funcionamos como en la película *El origen*: le implantamos a nuestra pareja el deseo por x persona cuando tal vez antes no tenía interés en ella. Por otro lado, es interesante observar cuáles son los atributos de la persona de la que estamos celosos. Es posible que podamos pasar de la competencia a sentir cierta admiración o incluso a darnos cuenta de que es nuestro espejo. O podemos ir más allá y comprender que esa persona de la que estamos celosos en realidad nos gusta y que todo se resolvería en la cama. Últimamente he escuchado muchos relatos de parejas que invitaron a esa tercera persona que generaba conflicto a tener sexo. Sí, los tres juntos.

Venus tiene esta dimensión celosa, pero también es la que ve los atributos de los demás que se encuentran en potencia en nosotros y que necesitan ser desarrollados. Lo más probable es que esas personas que nos generan celos tengan algo de nosotros y nos lo estén mostrando. Esto se llama proyección.

Es cierto que detrás de los celos está la noción de que el otro nos pertenece, de esto también habla Venus como regente de Tauro. No debemos olvidar que los seres humanos tenemos una naturaleza animal, un lado mamífero y apegado. A eso le debemos sumar los siglos de capitalismo, de amor romántico y la noción de propiedad privada. El resultado de esta combinación es que creemos que el otro nos pertenece, en parte por construcción cultural, pero también por simbiosis mamífera. Nos toca lidiar con eso y ver cómo lo gestionamos y sintetizamos. Tal vez te sorprenda saber que los celos no son patrimonio exclusivo de las relaciones monógamas, también están presentes en otros formatos vinculares como el poliamor. En cualquier caso, los celos implican la necesidad de que el otro comparta qué es lo que está viviendo o experimentando y que no sea un secreto.

Para gestionar los celos lo mejor es conectar y desarrollar la Venus de nuestra carta natal. Mimarse y convertirse en prioridad. Decirse a uno mismo, también, que «es natural querer agradar», un mantra que me transmitió el astrólogo catalán Aleix Mercadé. O sea, comprender la dimensión venusina que busca gustar a otros desde la naturaleza de los seres humanos, o sea, Libra y Tauro, los dos signos regidos por Venus. Dicho de otra manera, implica aceptar que a todos nos gusta agradar y gustar.

VENUS RETRÓGRADA

Con excepción del Sol y la Luna, el planeta Venus retrograda, como el resto de los planetas. La retrogradación no sucede físicamente en el espacio, sino que es parte de un efecto visual que sucede cuando observamos el movimiento de los planetas en el espacio desde la Tierra. Esta aclaración es importante: la astrología no estudia a los planetas en abstracto, como parte de fenómenos astrofísicos o entidades separadas de los seres humanos, sino que los aborda desde nuestra percepción del cielo. Así, este movimiento retrógrado aparente tiene un correlato con las experiencias que vivimos aquí. La imagen que se usamos habitualmente para explicar la retrogradación de un planeta es la de un coche que va por la carretera y se encuentra con otro vehículo que va a menor velocidad. En un momento, los dos vehículos quedarán paralelos, pero el primero va adelantar al segundo, que quedará atrás. Y parecerá que este último vaya hacia atrás. Es un efecto visual, no físico, que aun así tiene impacto a nivel concreto.

Cuando Venus retrograda, toca revisar los asuntos de Venus, es decir, lo estético, nuestros valores, la relación con el dinero, el vínculo de pareja —tanto si estamos en pareja como si no. También pueden reaparecer personas con las que nos vinculamos en el pasado (mentalmente, en sueños o en acto). Me refiero a viejas amistades, gente con la que trabajamos, personas que nos gustaron o con las que tuvimos algún tipo de enemistad. El período de Venus retro puede traer revelaciones interesantes, sobre todo si le damos espacio a la reflexión y no nos peleamos con el momento de revisión que propone este tránsito. El período de retrogradación dura normalmente cuarenta días y tiene lugar cada dieciocho meses. Los períodos en que un planeta retrograda son etapas del año donde las cosas no se mueven hacia adelante, no avanzan, sino que estamos revisando una y otra vez los temas asociados al planeta en cuestión. Son períodos muy interesantes para llevar a la consciencia dinámicas que de otro modo hubiesen sido imposibles de registrar, producto del acelere con el que vivimos. Al final de este apartado encontrarás algunas preguntas que pueden servirte como disparadores para transitar las retrogradaciones de Venus.

Si naciste con Venus retrógrado en tu carta natal, o con cualquier otro planeta retrógrado, significa que la energía de ese planeta se vuelve hacia adentro, es decir, que no se exterioriza. Si Venus nos habla de la apertura a los otros y nos muestra lo seductores que podemos ser, Venus retrógrado puede volverse un tanto torpe en este ámbito, a menos que armemos una estrategia de seducción. Si Venus es el planeta que habla de nuestro valor personal y nuestra autoestima, en posición retrógrada puede implicar una mayor dificultad para reconocer qué actividades nos hacen sentir bien. Tal vez sea necesario entrar en dinámicas de prueba y error, hasta encontrar lo que nos gusta y da placer. Pero como la energía del planeta va hacia adentro, entonces la imaginación se hace más potente. De este modo, la persona puede ser muy fantasiosa respecto de quien le atrae porque está más conectada con su imagen interna del otro más que con lo que el otro es *en realidad*. Para esta persona puede ser muy útil encontrar formas de expresar y exteriorizar lo que percibe a través de la danza, la escritura, la poesía, la pintura, o lo que tenga ganas de hacer. Tendrá que saber, sin embargo, que al principio no será sencillo que eso que imagina quede plasmado en el lienzo o en un soneto tal y como lo registró en su fuero interno. De todas maneras, el proceso puede llegar a ser muy rico.

Dejo ahora algunas preguntas para los momentos en que Venus retrograda. Pueden servirte de guía para transitar esos cuarenta días y el período posterior, en que decantamos las experiencias de la retrogradación.

1. ¿Qué tipo de conexión tienes con tu propio placer? ¿Esperas que los demás sean la fuente de placer? ¿Qué es *lo bello* para ti?

2. ¿Hay alguien del pasado que todavía te ronde por la cabeza? ¿Volviste a ver a esa persona? ¿Qué pasó? ¿Confirmaste que no hay oportunidades de encuentro? ¿O ahora sí puede suceder?

3. ¿Qué tal tus relaciones actuales? ¿Has caído en la cuenta de que están en sintonías muy diferentes? ¿Se ha hecho evidente que hay que volver a pactar las condiciones de la relación? ¿O ya no hay nada que hacer? ¿Has vuelto a conectar con tu pareja de un modo renovado? ¿Estás viendo a alguien que conoces hace tiempo con deseo?

4. Eso que criticas de los demás, ¿puedes verlo en ti, aunque sea en menor medida?

5. ¿De dónde vienen tus reparos a abrirte? ¿Estás bien así o aún estás herida por alguna historia del pasado?

6. ¿Solo te atrae la idea de una relación, pero no sus implicaciones reales?

7. ¿Solo te importa el vínculo de pareja o el romance, pero menosprecias los otros vínculos, como el de amistad o camaradería?

8. ¿Has descubierto que una parte tuya es más celosa y narcisista de lo que creías? ¿O te has dado cuenta de una manera profunda y sentida de que nadie es de nadie? ¿Y si lo único que buscas es gustar, que te miren y adulen, porque de otra forma sientes que no vales nada? ¿Usas la seducción o el sexo para conseguir cosas? ¿La mirada de los otros determina tu valor?

INSTRUCCIONES PARA LEER ESTE LIBRO

1. Necesitas saber en qué signo tienes a Venus. Fíjate en el gráfico de tu carta natal. Normalmente hay una tabla que dice en qué signo está. Puedes calcular tu carta natal de manera gratuita en el sitio web astro.com.

2. Cuando leas el capítulo de tu Venus, puede estar bien que lo complementes con otros. Fíjate en qué casa y con aspecto a qué planeta tienes tu Venus, porque eso te dará información adicional. Por ejemplo: si tienes Venus en Escorpio en cuadratura a Neptuno y en la casa 3, lee Venus en Escorpio, Venus en Piscis y Venus en Géminis. A partir de los tres relatos tendrás tu Venus personalizada. Al principio de cada capítulo hay un listado de analogías de las distintas Venus para que te guíes. Una analogía no es una equivalencia, solamente una relación de semejanza, de temas que se repiten.

3. Si lo que he explicado en el punto anterior es muy complejo, puedes preguntarle a alguien que sepa un poco más de astrología o pasar al punto 4.

4. ¿De qué signo eres? Suponiendo que eres de Sagitario, o sea, que tienes el Sol en ese signo, consulta el capítulo que habla de Venus en Sagitario. Es posible que tenga sentido para ti, aunque no tanto como si tuvieras la información completa de tu carta natal, pero para arrancar, está bien.

5. En astrología nos manejamos con el principio de «como es adentro, es afuera». Lo que no vivimos de manera consciente, lo proyectamos y experimentamos a través de otras personas o situaciones. Es importante que leas la información de este libro en esa clave. Si no vives tu Venus, ¿quién lo hace por ti? ¿Tu pareja? ¿Esa persona que te gusta? ¿Una persona a la que envidias? ¿Quién es?

6. Finalmente, es importante que este libro te dé la posibilidad de hacerte preguntas, que no se convierta en una ley sobre cómo tienes que comportarte o en una receta cerrada que tienes que seguir. Cada capítulo tiene como disparador una historia de vida, porque de ese modo la información deja de ser teórica y abstracta. Cada relato muestra una forma de encarnar Venus, pero no es la única. Tú tendrás la tuya propia. Recuerda también que la astrología reúne un conjunto de saberes procedente de los orígenes de la humanidad y que cada astrólogo o astróloga tiene su forma de vivir la astrología.

El signo de Venus es un indicador de las cualidades que valoramos, lo que nos parece atractivo o lo que amamos en general, ya sea una persona o bien una teoría, un cuadro, una película o una canción. Si le dedicamos tiempo a lo que nuestra Venus nos muestra, vamos a ganar en bienestar y placer. Venus también nos habla de una tarea con la que podemos ganar dinero fácilmente. El signo donde está Venus también habla del tipo de personas que nos gustan y cómo nos vestimos y nos presentamos a los demás para ser atractivos. Es, asimismo, el indicador de cómo nos abrimos a los otros. Estar en contacto con nuestra Venus nos hace sentir atractivos y valiosos. Según la casa donde esté, vamos a buscar sentirnos realizados en esa área. También será una esfera de la vida que vamos a valorar y un espacio donde podemos llegar a tener grandes talentos. Por otro lado, según el signo y la casa donde esté Venus, podemos sentir envidia o celos de otros que expresen esas cualidades. Los aspectos de Venus con otros planetas van a sumar y complejizar la información.

VENUS on ARIES

1

VENUS EN ARIES

Analogía con:
Venus en aspecto a Marte[1]
Marte en Casa 2[2]
Marte en Casa 7[3]

ENCENDIDA

«Tuve una relación muy cercana a la violencia con un hombre de Tucumán que era compañero de militancia. Me fui a vivir a esa provincia porque quería estar con él pero la relación duró muy poco. La verdad es que rápidamente empecé a sentir que él me dejaba de lado, me despreciaba y subestimaba mis intentos por integrarme en esa nueva ciudad y en un trabajo también nuevo. Todo le parecía una tontería. Él volvía siempre tarde a casa, medio borracho. Me molestaba, pero yo no tenía mis propias redes para salir y hacer mi vida. Un par de veces se lo eché en cara, pero siempre lo negaba.

---

1. Marte es el regente de Aries.

2. La analogía con la Casa 2 nos lleva directamente al tema de la autoestima. Marte en la Casa 2 va hacia la conquista de aquello que desea y su seguridad aparece cuando satisface ese deseo de conquista. Puede ganar dinero con actividades que sean pioneras en su rubro, en un trabajo independiente o como emprendedor.

3. Marte en Casa 7 puede dar lugar a relaciones conflictivas, donde la pelea está naturalizada. Normalmente son relaciones que avanzan muy rápido o son muy dinámicas, es decir, hay un intercambio permanente con el otro.

»Una vez le descubrí unos mensajes con una chica en el chat de Facebook. Lo llamé enfadadísima para que fuera a la casa donde vivíamos juntos y me dijo que me calmara, que no iba a soportar una escena de celos. Nos peleamos. La situación quedó así y la relación era cada vez más tensa. Tampoco soy una carmelita descalza.

»Un día me fui de copas con mis compañeros de trabajo y cuando volví, me hizo un escándalo y me echó de casa. Metí todas mis cosas en una maleta y volví a Buenos Aires. Recibí veinte llamadas y cien mensajes de WhatsApp pidiéndome que volviera, que no me fuera. Los primeros mensajes eran del estilo "te amo, volvé, mi amor"; los últimos eran más agresivos: "sos una puta, una zorra". Así como me mudé a Tucumán para estar con él, regresé a Buenos Aires para estar con mi familia y mis amigos.

»Al poco tiempo, agotada de esa relación y de otros hombres muy histéricos, me dije que quería probar con una mujer. Nunca había estado con una y siempre tuve curiosidad. Un sábado por la noche me fui a un bar con unas amigas y se me acercó Laura, charlamos y esa misma noche terminamos en mi casa. Como no sabía si se iba a volver a repetir, jugué todas mis cartas esa noche. Yo estaba encendida. Al principio me sentía supertorpe, pero luego fue la inteligencia de los cuerpos y el fuego que se despertó entre nosotras lo que hizo que me sintiera muy a gusto. Nos volvimos a ver a los dos días y ahora somos novias. Ella ya tuvo otras parejas mujeres, pero para mí es la primera. Laura se va a hacer una maestría a Barcelona y yo me estoy yendo con ella, aprovecho para hacer una especialización en género.

»A Lau le pedí que la relación fuese abierta. La verdad es que les fui infiel a todas mis parejas y creo que ya es hora de tener una relación más sincera. Siempre justifiqué mi accionar diciéndome a mí misma que la relación estaba mal, que no era feliz o que había mucha tensión sexual con la otra persona. Pero hoy me doy cuenta de que fueron excusas, que soy fogosa y me cuesta estar con una sola persona. Pero esta vez quiero hacer las cosas distintas, porque cuando eres infiel, vives en tensión porque has dejado el teléfono móvil encima de la mesa, recibes un mensaje y lo borras.

»Ahora quiero estar tranquila, además Laura es divina, una persona muy hermosa. Ella aceptó mi propuesta de una relación abierta para que yo no me fuera, pero si fuese por ella, tendríamos una relación monógama. Me encanta tener sexo con ella, pero siento que las relaciones sexuales con mujeres son como una gran previa, hay algo que me falta, por eso quiero volver a estar con chicos. De hecho, antes de irme a Barcelona a vivir, me voy a ver con uno que conozco hace mil años, un tipo maravilloso. Lo conocí porque es amigo de unos amigos y estuvimos un rato largo chateando por mensaje privado de Twitter. Siempre insistí con él, lo invité a salir unas cuantas veces y cuando accedió, lo llevé a una bodega y lo invité a jugar al *ping-pong*. Soy muy competitiva y lo desafié a ver quién ganaba. Cuando quisimos tener sexo, no pudimos. Él no podía sostener la erección. Es muy loco, porque tenemos muy buena conexión en los otros planos, tenemos charlas superinteresantes, no entiendo bien qué pasa. Me excita sentir que yo le conquisté. Veremos qué sucede mañana cuando nos veamos.

»Y después tengo otra puerta abierta con un tipo grandote. Me gusta esa cosa que se genera con un hombre de ese tamaño, no por lo paternal, sino porque es bien alfa, siento que me va a agarrar y me va a empotrar. El otro día me lo encontré en un evento y me mandó un mensaje subido de tono. Me hizo mucha gracia que fuese tan directo. Creo que viene a mi despedida de Buenos Aires, antes de irme a Barcelona, y tengo muchas ganas de entrarle. No tengo el más mínimo interés romántico, solo quiero tener sexo con él. Con esta cosa de que es gigante, quiero saber quién es más fuerte, si él o yo. Esa tensión me gusta, me atrae. Ambos chicos son más jóvenes que yo, me gusta esa frescura que tienen. No por estar con ellos dejo de amar a Laura, me hace muy feliz saber que vamos a estar juntas en Barcelona.»

Ana

Aries es el primer signo del zodíaco. Es un signo de fuego, el que inicia el camino, el Big Bang que da origen a todo, es la explosión y el chispazo inaugural. Es el signo de las personas deseantes, de aquellas que van a la conquista, que se lanzan a conseguir lo que quieren. Son personas competitivas, que disfrutan de la pelea y del conflicto, no tienen ningún problema en plantarse y enfrentarse a los desafíos. Aries es un signo que está regido por Marte, el planeta que habla de cómo batallamos por eso que nos gusta y queremos conquistar. Tal vez por eso la astrología tradicional dice que Venus en Aries está en el exilio. Si Venus es el planeta que habla de cómo nos abrimos a los demás y cómo los seducimos, Venus en Aries no espera que la busquen, sino que sale a la caza de aquello que quiere. Venus en Aries es una cazadora, una guerrera, una amazona: miremos a Ana, no tiene el más mínimo reparo en invitar a salir a ese chico que le gusta, no soporta la histeria y las vueltas, y prefiere ir directa al grano. Le atrae un hombre que tiene fuerza y algo de bestial, pero cuando tuvo ganas de estar con una mujer, se lanzó sin más a la experiencia. No solo eso: se enamoró de esa mujer y ahora se está mudando de país para estar con ella.

Venus en Aries es muy impulsiva y ardiente. Si le gusta alguien, se lanza tras esa persona, no se frena. Por eso Ana dice que nunca pudo serle fiel a ninguna pareja y ahora, siendo algo mayor, quiere ser sincera y no comprometerse a tener una relación monógama porque sabe que no va a poder sostenerla. Venus en Aries disfruta del conflicto en general, esa tensión le sube la temperatura. El problema de esta Venus, muy parecido a Venus en Escorpio —la otra posición donde la astrología tradicional dice que Venus está incómoda—, es que disfruta tanto de los desafíos y la adrenalina que a veces se ve envuelta en relaciones que bordean la violencia o que son directamente violentas.

Me gustaría aclarar que Venus en Aries o en Escorpio no es la responsable de la violencia. La tiene quien la genera en una cultura que incita a diario ese tipo de comportamientos. Entonces, ¿qué rol juega la astrología? Yo creo que nos permite ponerle un nombre y entender por qué algunas personas permanecen en situaciones de este tipo durante un tiempo y por qué hay otras que huyen rápidamente, o que ni siquiera entran. Venus en Aries y Venus en Escorpio pueden sentir cierto goce en aquello que se presenta como dramático, lleno de adrenalina, desafiante o conflictivo. Por la educación que recibimos, solemos decodificar un vínculo violento como un vínculo pasional o intenso. Y en realidad, es violento y abusivo. Esta no es la única forma de vivir a Venus en Aries o Escorpio: estas Venus también pueden disfrutar mucho del activismo por cualquier causa y entrar en terrenos donde, por miedo, pocos se animan. En el caso de Venus en Aries, puede haber un gran disfrute en el deporte o en la competencia, en cualquier área, incluso desafiando a la pareja o a la persona que le gusta a hacer cosas nuevas todo el tiempo.

Ana invitó a jugar al *ping-pong* a un hombre y le dijo que quería ver quién ganaba. Le dijo dónde se iban a ver, armó todo el plan y lo invitó a su casa. Parece que toda esa chispa que hubo en la previa no acompañó el encuentro sexual: él no puede sostener la erección. Ella organizó todo el encuentro. ¿El hombre se sintió apabullado y por eso no pudieron tener sexo? Una opción puede haber sido que ella no le gustara tanto o que el alcohol hubiese hecho efecto y el cuerpo no lo acompañara, pero también puede ser que ella lo haya intimidado.

Venus en Aries no es para débiles, necesita alguien que tenga fuerza y que pueda responder a su intensidad, si no se va a aburrir. Necesita un intercambio constante con el otro, si no su interés empieza a decaer. Ana es militante y se enfrenta a las discusiones que tienen lugar en ese ámbito sin ningún tipo de inconveniente. Y no solo eso, está yendo a Barcelona a formarse en temas de género, es decir, vinculados a las mujeres y a las disidencias sexuales y a cómo colaborar con su emancipación y autonomía en un mundo que valora mucho más ser hombre.

Esta Venus es la abanderada de la lógica del deseo. Jacques Lacan, el psicoanalista que desarrolló esta temática en su obra, tiene a Venus en Aries en su carta natal.[4] Desde su perspectiva, el deseo es el reflejo de una falta, hay algo que no tengo que me lleva a moverme. Así funciona esta Venus, que no solo desea, sino que además se mueve en dirección a la conquista de su deseo, y una vez que está satisfecha, se vuelve a mover.

Entre las diosas griegas, Venus en Aries parece un *blend* entre Afrodita y Artemisa. Hay algunos relatos del mito de Afrodita que sostienen que no tenía ningún tipo de reparo en tener sexo a plena luz del día con quien tuviera ganas. Si bien estaba casada con Hefesto, tuvo relaciones con dioses de la segunda generación y con mortales. Afrodita

---

4. Jacques Lacan nació el 13 de abril de 1901 a las 14:21:00 en París, Francia.

ASUNTOS DE VENUS

estuvo unida a Ares, el dios de la guerra, con quien tuvo varios hijos.

Afrodita es el equivalente griego de Venus, y Ares, de Marte. En el vínculo entre estos dos dioses vemos la alquimia que se da con Venus en Aries o con Venus en aspecto a Marte.

Afrodita y Ares tuvieron a Harmonía, a Deimos (Terror) y Fobos (Miedo), que acompañaban a su padre en las batallas. «Afrodita y Ares representan la unión de las dos pasiones más incontrolables: el amor y la guerra, que, en perfecto equilibrio, pueden producir la armonía» (J. Sh. Bolen, 1993, p. 307). Venus en Aries es la encarnación de estos dos principios, el conflicto y el amor, la necesidad de conectar con el otro, o incluso valorar el conflicto y la batalla como forma de vida.

Venus en Aries es pasional, necesita desafíos, competencias y movimiento, si no, se estanca, o bien lo vive a través de otras personas, sintiendo que la atacan o que ella es menos. En síntesis, tiene que competir con otras personas o consigo misma, ir a la caza de aquello que le gusta. Solo así podrá sentirse a gusto.

Hay un cuadro donde Afrodita y Ares están en la cama, acostados. Ares está exhausto después del acto sexual y está comiendo unas uvas plácidamente; el dios de la guerra está hecho una seda y se encuentra rendido ante Afrodita, pero solo después de la descarga física. De este modo funciona Venus en Aries, que disfruta de la batalla, y el encuentro sexual se parece bastante a una pelea, que luego permite que llegue la calma.

Artemisa es hija de Latona y de Zeus, y hermana de Apolo. Ayudó a su madre a parir a su hermano. Así demostró desde temprana edad la potencia que tenía. Es considerada una diosa virgen, es decir, independiente y focalizada en sí misma. Si bien Venus en Aries suele estar bastante interesada en el sexo y en su exploración, como en la historia de Ana, ella disfruta haciendo aquello que tiene ganas de hacer y no quiere que nadie le dirija la vida ni se entrometa en su camino, aunque siempre que alguien la desafíe, ella se va a sentir convocada, por eso la conexión con Artemisa. Hay un hecho interesante en la historia de esta diosa: ella mató a Orión, un cazador al que amaba. Lo hizo sin querer, desafiada y producto de un engaño que tramó su hermano Apolo, celoso del amor que ella sentía por Orión. Según cuenta la historia: «Apolo vio a Orión, cuya cabeza asomaba por encima del agua. Apolo encontró entonces a Artemisa a cierta distancia, le señaló un objeto oscuro en el océano y le dijo que no podía hacer blanco. Aguijoneada por el desafío de su hermano, y sin saber que estaba apuntando a la cabeza de Orión, disparó una flecha que lo mató» (J. Sh. Bolen, 1993, p. 77). Así, la persona amada fue víctima de su naturaleza competitiva.

Artemisa y Venus en Aries necesitan funcionar con independencia y coraje, y no necesitan la aprobación de los demás, aunque se equivoquen o las cosas no funcionen como esperaban, tal como sucede con el Mago del tarot. Artemisa y Venus en Aries responden a cualidades que el movimiento feminista celebra y pregona: autonomía, conexión con el propio deseo y rechazo de la opinión de los hombres y/o el patriarcado. Y si no, miremos a Ana, que está yendo a Barcelona no solo para estar con Laura, sino también para formarse en un posgrado de género.

En cuanto a los vínculos, Venus en Aries puede funcionar como la historia de Artemisa y Orión. Es posible que se enamore de alguien fuerte y que se establezca entre ellos una competencia por los logros de ambos, desde cuestiones laborales hasta ver quién gana el partido de *ping-pong*. A la larga y si no se lo toman con humor o liviandad, puede convertirse en una fuente de problemas. En todos los casos, Venus en Aries necesita independencia y movimiento, espacio para expresarse más allá de la pareja. Ana, por ejemplo, asumió las dificultades que tiene para una relación monógama y hoy elige ser sincera.

Venus en Aries tiene un deseo y no para hasta hacerlo realidad, por eso, entre todas las cartas de tarot, El Mago y El Carro le quedan bien. En el tarot de Marsella, El Mago es un personaje que tiene una cantidad de elementos en su mesa de trabajo y una varita en su mano derecha. Este personaje nos habla de la capacidad para manifestar los deseos en la materia. Esta carta nos advierte sobre el egoísmo, uno de los problemas que tiene esta Venus que desea sin importarle el contexto y que se lanza sin más. Hace lo que quiere cuando quiere y con quien quiere. Suena emancipador, pero es muy autocentrado también. Lo interesante de esta carta y de esta posición astrológica es que disfruta de los desafíos, de lo nuevo y los riesgos, y tiene una gran vitalidad.

Finalmente, veamos El Carro, la otra carta asociada a Venus en Aries. Esta carta hace referencia a una actitud dominante y avasalladora. Describe un tipo de personalidad que no duda en satisfacer sus propios deseos. Aquí no importan los riesgos o los peligros que se presenten, sino lanzarse. También es una carta que habla de propósitos o metas inalcanzables, y la persona se ve frustrada porque no puede manifestarlos. Este es el quid de la cuestión con esta carta y también de Venus en Aries: hay un deseo personal y una capacidad de moverse para lograr eso que se anhela, pero también algo mayor, que excede al individuo. Y se refiere no solo a la conexión con algo más grande, sino también al contexto, al otro.

Como decía en la introducción de este libro, Venus habla de nuestros talentos y de la posibilidad de ganar dinero con algo que nos dé placer. Esta Venus puede disfrutar del baile, sobre todo de aquellos donde haya una demostración de fuerza y potencia, como puede ser el flamenco, *twerk* o *hip hop*. También puede ser buena *coach*, colaborando con el proceso que conduce a que los demás resuelvan su vida de manera rápida y resolutiva. Por supuesto, todo lo que sea cuestión de género y cualquier forma de activismo pueden sentarle muy bien.

VENUS en TAURO

2

VENUS EN TAURO

Analogía con:
Venus en la Casa 2[5]

SÍ, TÓCAME

«Soy masajista y conocí a Carla cuando empezó a atenderse conmigo. Las sesiones nos dejaban completamente extasiados a los dos. Al poco tiempo empezamos a estar juntos. La relación duró unos cinco años, más o menos. Bueno, no sé si ya se terminó. Ella necesitaba tener sus espacios, hacer su vida, viajar y estar tranquila con sus hijos y sus amigas. Nuestros hijos no se llevaban bien. Yo tengo dos hijos de una pareja anterior y ella, tres. Nuestros orígenes son muy distintos y la educación que les damos a nuestros hijos también. Hay mucho choque entre ellos y durante el tiempo que duró la relación no logramos que estuviese todo bien.

»Carla me abrió la puerta a una vida completamente distinta. Yo vengo de una familia trabajadora y ella viene de una familia acomodada, que ha viajado por el mundo, vivido un tiempo largo en Estados Unidos... Un perfil bien distinto al que yo estaba acostumbrado.

---

5. Venus en la Casa 2 abre la posibilidad de ganar dinero con actividades venusinas: masajes, arte o algo estético como el maquillaje, el *styling* o la fotografía, por mencionar algunas. Esta persona necesita que haya espacios de placer y disfrute para estar a gusto con su vida.

»Siento que la relación me abrió a otra forma de vivir. Desde que empezamos a estar juntos, tuve el impulso de progresar en mi trabajo, buscar un mejor espacio donde atender, empezar a cobrar más por mis servicios, viajar para formarme... Pero más allá de todo esto, extraño el contacto físico con ella. Dormir juntos y abrazados. Su cuerpo tibio. O los sábados, cuando yo terminaba de dar sesiones y almorzábamos juntos. Después hacíamos una sobremesa eterna, seguida de una siesta en el sillón y una peli. Unos vinos cuando el sol bajaba. Y preparar la comida entre los dos cuando llegaba la noche. Cocinar juntos era como hacer el amor, una meditación donde el tiempo se detenía y solamente éramos ella y yo. En lo personal, cocinar es una de esas actividades que me relaja por completo. Soy absolutamente consciente de la energía que pongo cuando estoy cortando las verduras o las estoy salteando. Mi maestro espiritual dice "las personas felices hacen una sola cosa a la vez" y convoco ese espíritu cuando cocino.

»Con esta rutina pasamos unos años. Y los motivos de pelea fueron siempre los mismos: ella necesitaba sus espacios y yo, estar con ella. Esa es la razón por la que ahora estamos en un *impasse*. Sobre todo porque empecé a sentir que compartíamos cada vez menos momentos de intimidad y ahí afloró mi parte más celosa y posesiva. Esta faceta de mí mismo no es una novedad para mí. A ella le molestó bastante que además de tener que pelear por sus espacios, tuviese que lidiar con mis celos a causa de un amigo nuevo que tiene ahora. Conoció a este hombre porque hace rituales con plantas sagradas. Carla empezó a verlo con frecuencia, igual que en su momento recurrió a mí para tomar masajes. Tengo la sensación de que lo que sucedió conmigo se repetirá ahora. Y lo peor es que no hay mucho que pueda hacer. Solo aceptar esta situación. Ahora estoy buscando reacomodarme en mi casa nueva, pero la extraño por las noches y no disfruto tanto de prepararme la comida para mí solo. No es igual sin ella. Y me dan muchas ganas de encontrar a alguien, otro cuerpo caliente que abrazar y pasar el invierno. Pero la verdad es que no soy un robot: no es tan simple como que venga otra persona, abrazarla y ya se me pasó todo. Dentro de mí tengo un espacio libre. Necesito llenarlo. No sé cómo hacer y, mientras tanto, la extraño muchísimo.»

Martín

Tauro es el segundo signo del zodíaco. En Aries, el signo anterior, hay velocidad extrema, mientras que en Tauro hay máxima lentitud. Yendo despacio es que se habilita el disfrute más sutil: el de los cinco sentidos. Venus es el regente de Tauro y como dicen los astrólogos antiguos, Venus en Tauro está en su domicilio. En casa. Esto tiene un sentido metafórico, pero también literal. Algo que aparece con mucha fuerza en el relato de Martín: buena parte de la relación con Carla sucedía puertas adentro, el disfrute de los abrazos, las caricias, la posición horizontal, la comida, el ver películas y dormir. Todas actividades que suceden en casa. No es que no puedan suceder puertas afuera, pero tienen lugar en el ámbito doméstico.

Venus en Tauro disfruta mucho también de estar al aire libre, con los árboles, en un bosque, en el campo o en un restaurante de comida superrica y nutritiva. No importa si es el bar de la esquina o un lugar de comida *raw vegan*. Si hay sillones, mucho mejor. Además, Tauro está relacionado con las tradiciones y lo rutinario. También con el contacto físico. De hecho, Carla y Martín se han conocido en un contexto taurino, el de los masajes. Está claro que Martín tiene un grado de conexión muy alto con su Venus en Tauro. Queda patente en su trabajo, en la importancia que le da a la comida y al acto de cocinar, en el reconocimiento que hace de su anhelo de cercanía con Carla, que ahora no está disponible para él. También es bastante habitual que las personas que tienen Venus en Tauro en su carta natal se sientan atraídas por personas que están en una buena situación económica; la relación de Martín y Carla no solo estaba atravesada por el disfrute sensorial y la cercanía física, algo bien taurino, sino también por la buena vida burguesa.

Martín hizo cambios en su forma de trabajo a raíz de la relación con Carla. Empezó a tener mayor disponibilidad de recursos económicos. Venus tiene una dimensión vincular en tanto regente de Libra. Por eso, las cualidades de las personas que nos atraen son en realidad cualidades que están en nuestra personalidad pero no se han desarrollado del todo. La relación con Carla le permitió a Martín evolucionar aún más. Pero Venus también es regente de Tauro, así que el desarrollo de nuestras cualidades venusinas favorece la capacidad para ganar dinero. En el caso de Martín, Venus está en Tauro. Así que es evidente que Martín gana dinero con los masajes, una actividad taurina.

En la mitología, Afrodita, la Venus griega, tiene algunos hijos, como Eneas, pero, como he dicho anteriormente, nunca es representada en la iconografía con un bebé en sus brazos. Hay algo en la relación de Carla y Martín que pareciera ser puramente venusino, donde los hijos no están integrados a la relación. La explicación racional sería que pertenecen a entornos muy distintos. El hecho de que los padres se hayan encontrado no quiere decir que tengan que encontrarse sus hijos también. Pero quizá exista una razón más profunda: tal vez para ellos resulta más fluido el encuentro como amantes que como familia. Más Venus que Luna. La capacidad de cuidar a los hijos está asociada a la Luna, no a Venus. Si tienes conocimientos de astrología, te resultará bastante evidente que hay un componente acuariano en sombra, es decir, inconsciente.

Martín es ascendente y Luna en Acuario. Para él, es evidente que la vida gira en torno a la cercanía con Carla, Sin embargo, no está reconociendo que hay una parte de él que también necesita de esa libertad y esos espacios que Carla le pide. En astrología manejamos un principio esotérico básico que repetiré a lo largo del libro: «como es adentro, es afuera». Esto quiere decir que si Martín está en una relación con alguien que necesita aire, probablemente él también lo necesite, solo que no lo reconoce, entonces lo proyecta y lo vive a través de Carla. Ella es quien dice necesitar espacios individuales. Martín también los necesita, pero esa necesidad es inconsciente, por eso se enoja tanto, se entristece y sufre por esta situación. Como decía más arriba, Venus tiene una dimensión vincular en tanto regente de Libra. Esto implica que hay un nivel de disfrute de la quietud, del estar en casa y comer bien que necesariamente es compartido. Pero Venus también es regente de Tauro, que es un signo que lo primero que hace es tratar de satisfacer sus propias necesidades por sobre todas las cosas. El signo de Tauro está asociado a la lealtad y la permanencia a largo plazo en los trabajos, las relaciones, la casa donde se vive o las cosas que le gustan. Pero esa permanencia no es producto de un mandato social que establece que las cosas deben durar para siempre porque moralmente corresponde. Lo que Tauro se pregunta, en cambio, es cuál es el sentido de dejar de disfrutar de algo que nos da placer. ¿Por qué lo abandonaríamos?

Venus en Tauro es una de las posiciones más hedonistas en el amplio espectro de las Venus y tiene una fuerte tendencia a ser perezosa. Venus es un planeta que funciona bajo el principio de atracción, no mediante el esfuerzo. Venus no busca, no va hacia su objetivo, a menos que esté en Aries o Sagitario o en aspecto a sus regentes, Marte y Júpiter. En estos dos últimos casos, hay probabilidades de que Venus sea más Amazona y no espere a que la persona amada venga a buscarla. Cuando está en Tauro, Venus puede volverse receptiva y a la espera. Tal vez esto te moleste o incomode, sobre todo porque en Occidente se valora la competencia, la acción y el dinamismo, y tendemos a considerar negativamente la quietud. Para la astrología estas dos formas polarizadas existen, pero no hace un juicio de valor: la extroversión y la acción por un lado, la introversión y la receptividad por otro. Venus en Tauro responde a esta última forma de funcionamiento. Nos pide que conectemos con aquello que valoramos, y para eso necesitamos hacer una pausa y luego poner manos a la obra para que suceda. No importa el tiempo que lleve ni la paciencia que haga falta, Venus en Tauro avanza sin prisa pero sin pausa, disfrutando cada paso. En la historia de Martín aparecen muchas de las cualidades de Venus en Tauro: lo corporal, el disfrute de los sentidos y el trabajo ligado al placer. Pero más allá de esta historia en particular, si tuviera que decir a qué se puede dedicar esta Venus, diría que a todo lo vinculado al arte, como el canto, la escultura o las artes plásticas; a todo aquello relacionado con lo estético, como el estilismo, la moda, el maquillaje o la cosmética; y a todo lo que tenga que ver con la naturaleza.

Esta Venus se acerca a la carta La Emperatriz del tarot de Marsella: una mujer que está sentada en su trono, que disfruta de la vida y gasta su dinero y recursos en lujos. En una tirada, normalmente está asociada al disfrute de los sentidos y a un buen momento en materia económica. Si preguntamos por una relación, lo más probable es que esa relación se consolide, se estabilice y haya una mayor conexión amorosa y romántica. Las brujas de barrio dirían que representa a la mujer oficial, si pensamos en una relación monógama y heterosexual. Si ampliamos la mirada a otros formatos vinculares

e identidades sexuales, esta carta se refiere a la relación central y a la capacidad para darnos autoplacer.

Mi sugerencia para Martín es simple: que haga todas esas actividades que antes disfrutaba con su pareja, pero para sí mismo. De este modo, logrará bajar el volumen de ansiedad y desesperación por la ausencia de Carla o cualquier otra persona. Además, teniendo ascendente y Luna en Acuario, es necesario aquello que llamo la «democratización del amor». Es decir, que el amor no esté solo focalizado en la pareja, sino en una red vincular. Tal vez la intimidad que pueda alcanzarse en esa red no es igual al encuentro de dos, pero al final se trata de abrir la capacidad amorosa.

VENUS en GÉMINIS

3

VENUS EN GÉMINIS

Analogías con:
Venus en aspecto a Mercurio[6]
Mercurio en Casa 7[7]
Venus en Casa 3[8]
Mercurio en Casa 2[9]

UN TÉ PARA TRES

«Conocí a Marian en la facultad. Éramos compañeras de carrera, pero ella terminó un tiempo antes que yo y creó un emprendimiento con su marido: una consultoría de medios, comunicación y producción de contenidos audiovisuales que prometía mucho. Me licencié y Marian me contrató para formar parte del equipo de trabajo. Estaba feliz. Después de un

---

6. Mercurio es el regente de Géminis.

7. Mercurio en la Casa 7 necesita socializar, charlar y compartir con todo aquel que encuentre interesante. A esta persona le resulta difícil tomar decisiones porque está atravesada por las opiniones de los demás. Sus vínculos cercanos necesitan tener un componente intelectual fuerte.

8. La Casa 3 es geminiana y es el área de la carta natal que habla del uso de la palabra, la comunicación, la relación con los amigos, primos, hermanos y vecinos. También son los viajes cortos y la educación, sobre todo, formaciones de corta duración.

9. Con Mercurio en Casa 2, la persona se siente importante y valiosa si logra desarrollarse intelectualmente, o si logra ganar dinero con su actividad intelectual.

montón de trabajos que no tenían nada que ver con mi carrera, por fin estaba trabajando de algo que me interesaba. Y lo mejor de todo, con una amiga. Cuadraba por todos lados. A Juan, el marido de Marian, casi no lo veía. Siempre éramos ella y yo que pasábamos mil horas juntas, armando proyectos, investigando, haciendo números y charlando de la vida, claro.

»Un día, con naturalidad, me dijo que su pareja era abierta. O sea, que estaba todo bien con su marido si ella quería estar con alguien más. Aluciné. Me parecía lo más que estuviese todo tan hablado. Ellos pasaron a ser mi modelo de pareja. O por lo menos, uno de los modelos posibles. Siempre sentí que en la estructura tradicional de pareja monógama había algo que no funcionaba. ¿Cómo se hace para sostener la chispa del enamoramiento y el encanto durante mucho tiempo? ¿Es posible que una sola persona satisfaga todas las necesidades y expectativas que tenemos? En mi mente era evidente que no, por eso estaba fascinada con la posibilidad de que existiera una pareja abierta que funcionara y se sostuviera así desde hacía mucho tiempo. Algunas veces me quedaba a dormir en su casa, sobre todo cuando se hacía muy tarde para volver a la mía, sentía que eran mi familia adoptiva. Algo así.

»Un día llegué a casa de Marian bastante arreglada, porque después salía con un chico. Ella me elogió. Dijo que estaba guapa. Hizo una broma y me preguntó si iba vestida de esa forma para verla a ella. Le conté la cita que iba a tener. Ella me dijo que le gustaba y me quedé paralizada. Me empecé a reír como una niña histérica y cambié de tema rápidamente para cortar el clima. Nos pusimos a trabajar, como si nada hubiese pasado. Después me marché y salí con mi cita. ¡Qué aburrimiento de noche!

»Pasaron los días. Me quedé pensando, dando vueltas en mi cabeza. Un día llegué a lo de Marian, le hice una broma y lentamente me acerqué, le toqué el pelo, la acaricié y ahí estábamos las dos, besándonos. Nunca había estado con una mujer. Cuando era adolescente había besado a algunas amigas durante noches de fiesta y alcohol, pero no pasó de eso. Siempre me había quedado la duda de si esos eventos significaban que era lesbiana, bi o si habían sido solo una exploración. Me lo pregunté durante mucho tiempo. Por eso la situación con Marian fue sorpresiva en el sentido de que nunca había sentido atracción consciente por ella, solo como amigas. Pero me sirvió para responder algunas preguntas que tenía desde siempre.

»Las jornadas de trabajo para la consultoría se convirtieron en días de romance con mi amiga, que se convirtió en mi amante. Y yo de ella. Este clima idílico de amor y sexo entre mujeres se vio interrumpido por la presencia de Juan. Ella estaba casada. Sí. Una de las condiciones de la relación de Juan y Marian era que ambos tenían que participar y conocer a esa otra persona. Por un lado, no quería que él se metiera, por otro, entendía que la que estaba ingresando a la relación era yo. Me debatía entre esas sensaciones.

»La cuestión es que el fin de semana siguiente nos encontramos los tres: Juan, Marian y yo. Estuvo bien, disfruté. Nos vimos varios fines de semana, pero la verdad es que mi deseo era estar con Marian. Juan no me generaba gran cosa. Un poco por esa modalidad de *tener que* estar con Juan, otro poco porque me asfixiaba la modalidad de trabajo y amor juntos. Además, empezó a gustarme otra persona. La relación fue perdiendo intensidad, y así como empezó, terminó. Livianamente y sin hacer grandes declaraciones empecé a alejarme. Marian y yo seguimos siendo amigas en el sentido tradicional del término, pero ya no trabajamos juntas ni tampoco tenemos sexo. Creo que está bien así.»

Victoria

Tauro, el signo anterior, busca y necesita seguridad de todo tipo. Géminis, por otro lado, vive en estado de permanente movimiento. Es un signo de aire, mental, inteligente, hábil con la palabra, indeciso, poco focalizado, abierto de mente y que valora el vínculo de la amistad ante todas las cosas.

Venus en este signo se siente a gusto usando su inteligencia como arma de seducción. El uso de la palabra es uno de sus mayores recursos. Sabe agradar con lo que dice. Es naturalmente sociable y liviana en sus relaciones. Normalmente le resulta difícil comprometerse. A menos que, como Venus en Acuario, la relación tenga unas buenas dosis de compañerismo y amistad. Esta es la base de todo. Si aparecen dificultades en sus relaciones, lo más probable es que se vaya. Todo lo que sea complicado la aleja. La razón por la que elegí la historia de Victoria para abrir este capítulo es que tiene muchos de los elementos que acabo de mencionar.

Describe un vínculo que empezó como una amistad y se convirtió en romance. Si bien la protagonista no había tenido demasiada experiencia con otras mujeres, siempre había tenido curiosidad al respecto y, como un juego, exploró la relación con Marian. Además, se permitió experimentar una relación de a tres, algo que suele ser tabú. De hecho, ni siquiera tenemos palabras para referirnos a este tipo de vínculos. ¿Cómo les llamaríamos? ¿Trirejas? Afortunadamente, la sociedad acepta este tipo de situaciones cada vez más. Para Géminis en general, y para esta Venus en particular, no existe *lo prohibido*. De hecho, el regente esotérico de Géminis es Venus. Esto quiere decir que en el nivel más sutil de la energía geminiana está la posibilidad de abrirse completamente a todo lo que existe. Vicky se abrió a la experiencia, pero no estaba interesada en Juan.

Esa es la razón por la que esa relación de a tres no siguió. Además, cuando se dio cuenta de que dinero, trabajo y amor iban juntos, empezó a sentirse asfixiada. Algo que Venus en Géminis no puede tolerar.

Esta Venus necesita estar libre, o al menos tener la sensación de estarlo. Es como un colibrí, su vuelo es impredecible y es difícil de atrapar.

El signo de Géminis está regido por Mercurio, el dios mensajero de los dioses. Tiene alas en los pies y se mueve rápidamente, llevando y trayendo información. Lo puedo imaginar moviéndose nerviosamente de un lado a otro.

Para los griegos, Mercurio es Hermes, con quien Afrodita tiene un romance. De su unión nace Hermafrodito. Como era hijo de una relación extramatrimonial, Afrodita, sintiéndose culpable, encargó a las ninfas que lo criaran. Según cuenta la leyenda, Hermafrodito era un joven muy hermoso. A los dieciséis años se encontró con un pozo y una ninfa que vivía allí se enamoró de él, pero no fue correspondida. Hermafrodito la rechazó, aunque se metió en el pozo de agua de todas maneras. La ninfa, Salmacis, lo abrazó y les rogó a los dioses que quedaran unidos eternamente. Su deseo se hizo realidad y se fusionaron en una única criatura, hermafrodita, con órganos sexuales de macho y hembra. Hermafrodito, descontento con esta transformación, rogó a sus padres que a cualquier hombre que se sumergiese en el pozo de Salmacis le fuesen otorgados atributos de hembra, como a él. Este deseo también se cumplió.[10]

He visto muchos casos de Venus en Géminis que responden al mito de Hermafrodito. Se trata de personas que no pueden identificarse por completo con lo que llamamos

---

10. https://mitosyleyendascr.com/mitologia-griega/hermafrodito/

hombre o mujer cis. *Cis* es un término que se utiliza para describir a personas cuya identidad de género y género asignado al nacer son concordantes, y cuyo comportamiento también es concordante con el que socialmente se asigna a dicho género.

Siguiendo los aportes de Jean Shinoda Bolen, esta Venus contiene a varias diosas en sí misma. Por un lado es Artemisa, la hermana melliza de Apolo. Géminis tiene como símbolo a dos gemelos. Además, es un signo asociado a la hermandad y a la amistad. Es habitual entre las mujeres que tienen el arquetipo de Artemisa muy marcado que sus relaciones comiencen como una amistad y se conviertan en algo más con el tiempo. O al revés también: la relación tiene un inicio romántico, pero empieza a perder carga erótica y se convierte en amistad. Todos los caminos son posibles y viables para esta Venus. Por otro lado, esta Venus se asocia con Afrodita. O sea, la diosa hiperseductora que disfruta de flirtear, de tener varias relaciones en simultáneo, que gusta de todos los seres humanos, pero es incapaz de elegir a una sola persona. No puede porque no lo desea. Gracias a movimientos sociales que están cobrando cada vez más fuerza, existe un mayor espacio para que una persona que tenga esta Venus en su carta natal no se sienta obligada a elegir a una persona. A Venus en Géminis le cuesta decidir porque todos y todas le gustan. ¿Cuál es, entonces, el criterio para definir?

En el tarot, esta Venus se puede relacionar con la carta de Los Enamorados. En la imagen del tarot de Marsella hay tres personas. Alejandro Lodi y Beatriz Leveratto dicen: «se ve que los tres personajes están tocándose con las manos, pero no es posible distinguir con claridad con qué parte del cuerpo establecen contacto. Este detalle representa los estímulos inconscientes que se activan en el vínculo y que pueden provocar un efecto perturbador en la conciencia. No obstante, la frescura adolescente de la imagen no da muestras de que existan complejos de culpa, sentimiento de pecado o temor a sanciones morales» (B. Leveratto y A. Lodi, 2016, p. 322). Esta cita parece perfecta para el relato de Vicky, donde hay experimentación, pero no hay juicio sobre lo que está bien o mal.

Cuando aparece esta carta en una tirada, normalmente habla de una dificultad para tomar una decisión. La persona que consulta está demasiado atravesada por lo que sucede externamente, es decir, se deja llevar por voluntades ajenas, parece haber perdido su centro y el registro de su deseo. Hay inestabilidad. Una forma de trascender esta situación es con la aceptación de que estamos atravesados por contradicciones y podemos querer cosas muy distintas entre sí. Parte del desafío es aprender a tolerar la vacilación y la fluctuación sin reprimirlas.

Creo que esta es la clave para Venus en Géminis: puede llegar a perderse a sí misma si sigue los eventos externos y la voluntad de los demás. Si hubiese sido por Marian y su marido, Vicky hubiese permanecido en esa relación triangular, tal vez sin quererlo realmente.

Si dejamos que Venus tome el mando de nuestra vida, el peligro es que ponemos demasiada energía en agradar a los demás. Pero Venus también trae la posibilidad de volver a conectarnos con lo que es verdaderamente importante para nosotros. En el caso de Venus en Géminis, una forma de volver a encontrarse con uno mismo es dedicándose a actividades literarias como leer o escribir. Además, encuentra mucho placer en estudiar, simplemente por amor al conocimiento. Incluso estas actividades pueden ser fuente de dinero. ¿Quién no quiere ganar dinero con algo que le proporcione placer? Ya que tenemos que trabajar, busquemos que sea en algo que nos satisfaga y que no sea puro esfuerzo. La docencia, el *coaching*, el trabajo con niñas y niños, la escritura, la traducción o algo que involucre idiomas, así como trabajar en algún tipo de actividad comercial, relaciones públicas o como *community manager* pueden ser actividades muy entretenidas para esta Venus. Pero también disfrutar de buenas conversaciones solo por el placer de tenerlas, sin ponerle demasiada carga o expectativa a lo que va a suceder después. Para Venus en Géminis resulta fundamental el vínculo de amistad y hermandad, como mencioné más arriba. Me he encontrado con personas que tienen esta Venus en su carta, pero que prácticamente no tienen amigos. Entonces todo gira en torno a los vaivenes de las relaciones amorosas. Mi sugerencia es que busquen desarrollar estos lazos de amistad y hermandad con mayor o menor profundidad, porque la conexión intelectual y fraternal es uno de los grandes regalos de la vida.

VENUS en CÁNCER

4

VENUS EN CÁNCER

Analogías con:
Venus en aspecto a la Luna[11]
Venus en Casa 4[12]
Luna en Casa 7[13]
Luna en Casa 2[14]

---

11. La Luna es regente de Cáncer.

12. La Casa 4 es el área de la carta que habla de nuestra familia de origen, la relación con nuestra madre, nuestro hogar y también nuestro refugio emocional. Si Venus está aquí, será necesario revisar cuál era la relación con la madre, los mandatos sobre las relaciones de pareja y si hubo competencia con ella. Es probable que el hogar tenga cualidades venusinas, es decir, que sea estético, acogedor, bonito y bien decorado.

13. Con la Luna en Casa 7 se hace necesario tener una relación cercana e íntima con el otro, basada en la seguridad emocional. Esta persona suele ser protectora con aquellos que ama y fácilmente ocupa un rol maternal con su pareja, a la que luego termina rechazando porque pierde libido y la carga erótica.

14. La persona que tiene Luna en la Casa 2 suele ser muy territorial con la gente que quiere, muy celosa y además puede ser muy buena para ganar dinero con actividades lunares, es decir, aquellas que impliquen cuidar a los otros o el contacto con lo emocional e intuitivo.

EL *SUSANISMO*[15]

«Hace tiempo, un día quedé con una amiga a tomar unas cervezas y charlar de la vida. Hacía tiempo que no nos veíamos. Le conté mis proyectos y las ganas de maridar dos de mis búsquedas más potentes del último tiempo: arte y psicología. Ella había olvidado que soy psicóloga aunque es verdad que hace tiempo que me dedico exclusivamente a la danza y que he dejado la psicología en un segundo plano. Me dijo que tenía un amigo para presentarme, que también era psicólogo y bailarín, solo que se dedicaba a la psicología *full time*. Al revés que yo. Valeria creó un *chat* grupal para presentarnos. Él y yo nos pusimos a chatear, ella salió del grupo y así fue como comenzó la relación con Ezequiel. Un romance muy hermoso que avanzó rápidamente porque sentimos que nos conocíamos de toda la vida.

»A los pocos meses estábamos viviendo juntos. Todo sucedió con naturalidad. Si bien hubo un momento donde mudé todas mis cosas a su casa, no puedo registrar con exactitud cuándo pasé de estar soltera a estar con él casi a diario. Así fueron las cosas. Ezequiel es maravilloso, superextrovertido, sensible, sociable y buena onda. Pero todo esto que me encanta de él también me genera bastante inseguridad. Además, en su trabajo siempre está rodeado de gente. Mujeres por todos lados. Yo también, ¿eh? En el trabajo, mis amigas, mi madre, mi hermana y mi sobrina... La diferencia es que a mí no me gustan las mujeres, al menos por ahora, y me provoca celos que él esté siempre rodeado de mujeres. A veces lo expreso y otras veces siento que necesito focalizar en mí y entonces me aíslo

---

15. Expresión que proviene de un célebre personaje de la tira cómica *Mafalda* llamado Susanita. Creada por el humorista gráfico argentino Quino, la máxima aspiración de Susanita es casarse, ser una madre de clase social acomodada y tener muchos hijos.

del mundo y de él. Me vuelvo introspectiva y cerrada. Él llega a casa entusiasmado y yo no le presto atención. Creo que le quiero hacer sentir que no me tiene garantizada. Una parte de esa introspección es verdadera, es parte de mi naturaleza, pero creo que también hay una parte que es pura manipulación para llamar su atención. Quiero que él esté ahí, jugando al príncipe valiente que escala los muros del castillo. El castillo de mis líos emocionales.»

Clara

Cáncer es el cuarto signo del zodíaco. En el signo anterior, Géminis, hay apertura y multiplicidad. En Cáncer, por el contrario, el abanico de posibilidades se reduce notablemente. Si Venus en Géminis necesitaba tener muchas opciones e historias abiertas, Venus en Cáncer busca la conexión profunda y la simbiosis con el otro. Entre todas las Venus, la Venus en Cáncer es la que más asocia la relación de pareja con la seguridad afectiva. Un ejemplo es Susanita, el famoso personaje de Mafalda, que solo quería casarse y tener hijos. Esta versión de Susanita puede aparecer de un modo encubierto, con la ropa *cool* que usamos las mujeres en el tercer milenio, tatuajes y *piercings*. La forma externa de Susi puede cambiar, pero en la base podemos encontrar el mismo anhelo profundo de una relación de pareja que satisfaga todas las necesidades emocionales. El problema con Susanita es que es una niña, y como tal, tiene deseos infantiles. Está llena de miedos e inseguridades. Necesita que el otro lo sea todo. Ella busca un amor maternal y total en la relación de pareja, que como vínculo tiene un objetivo y una función completamente distinta a la maternidad.

La pareja es un vínculo que se caracteriza por la complementariedad. Nos saca de nuestro lugar de confort. Por eso, este arquetipo está condenado al sufrimiento: el otro nunca nos va a satisfacer porque ese no es el objetivo de la pareja.

Analicemos ahora el signo de Cáncer, que tiene como regente a la Luna. La Luna es el cuerpo físico más cercano a la Tierra y, según algunas versiones esotéricas sobre este satélite, tiene como función filtrar los rayos del Sol para que este no destruya la vida en nuestro planeta.. O mejor dicho, para que sea posible. Además, hay quienes dicen que genera una capa protectora que impide el paso de meteoritos a la superficie terrestre. Nos encontramos, una vez más, con la protección y la función maternal. Además, tanto las mareas como el ciclo menstrual y el embarazo están asociados al ciclo lunar. Aquí aparece la temática de la variabilidad emocional asociada al ciclo menstrual y también la cuestión de la maternidad. Son todas temáticas de Cáncer en general y de esta Venus en particular. Con Venus en Cáncer, hay mucha variabilidad y movimiento interno en el vínculo con el otro, porque esta Venus se siente lastimada y rechazada con facilidad. Como las mareas, se entrega y se repliega naturalmente. Venus en Cáncer tiene muchos reparos a la hora de entregarse, a menos que sienta un grado de conexión muy alta. Si eso sucede, se va a pegar a la otra persona. Se trata de la famosa simbiosis mamífera de la que ya hemos hablado.

Con Venus en Cáncer, pareciera que el enamoramiento o la necesidad de tener sexo tiene como objetivo la reproducción de la especie, aunque sea en un nivel inconsciente. He escuchado a más de una persona con esta Venus decir, cuando conocen a alguien, que están pensando o fantaseando con crear una familia. Por supuesto que esto no significa que esta Venus tenga necesariamente que formar una familia y criar hijos, pero sí que va a aparecer esta temática de fondo. Al parecer, con Venus en Cáncer el enamoramiento es un truco de nuestro lado biológico y animal que busca reproducirse. Esto excede al cuerpo de mujer o persona gestante. He visto la misma dinámica en hombres gays, que buscan formar una familia, sean cuales sean las características de esa familia. Tal vez alquilen un vientre, adopten o lleguen a un acuerdo con una persona de confianza para que geste a esa criatura. O busquen, simplemente, conformar una relación estable.

Sobre el cuerpo de las mujeres y personas gestantes, hay una teoría interesante acerca del óvulo. Siempre se dijo que el espermatozoide más rápido es el que lo fecunda. Pero según una noticia publicada hace poco tiempo en el Instituto de Investigación Pacific North West de Seattle se llegó a la conclusión de que «el óvulo es una especie de reclutador de espermatozoides aptos para que lo fecunden y haría una limpieza de los que no dan el ancho. De esta manera asegura una fecundación lo más saludable posible».[16] Esto explicaría también muchas cosas acerca de cuál es el criterio que esta Venus usa para elegir: de un modo inconsciente, está buscando compatibilidad genética.

En términos generales, podría decirse que hay un vínculo potente entre este signo y las mujeres, porque tradicionalmente han sido ellas quienes sostienen la unidad familiar, crían los niños y se encargan de las tareas de cuidado de la casa. Es por eso que la energía de Cáncer remite primero a la conexión con las mujeres cercanas. Las de la familia y las que son amigas, es decir, aquellos vínculos donde hay un pacto tácito de no agresión. Cáncer

---

16. https://biut.latercera.com/maternidad/2018/02/estudio-revela-que-el-ovulo-es-el-que-elige-al-espermio-para-la-fecundacion/

tiende a la endogamia, o sea, a relacionarse con personas conocidas y similares. Por eso Clara acepta que una amiga le presente a un hombre. Su amiga es la garantía de que es un hombre seguro. Para esta energía, todo lo que esté por fuera de su ámbito de pertenencia, será un peligro. Eso explica los celos que siente Clara hacia esas otras mujeres que conoce Ezequiel. Son lejanas, están por fuera de su margen de acción y control. Como no hay lazo de conexión con ellas, son un riesgo. Por otro lado, es interesante mencionar que, con Venus en Cáncer, normalmente la gravitación de la historia de sus ancestros, sobre todo del linaje materno, es muy potente. Es por ello que para una persona con su Venus en Cáncer conocer la historia de las mujeres de su familia puede ser muy rico y nutritivo. Saber cuáles fueron sus deseos, anhelos, búsquedas, expectativas, si querían entregarse a la vida familiar o no y en qué condiciones lo hicieron.

Joan Garriga dice algo interesante sobre las personas de las que nos enamoramos: «Reconocemos vibraciones que vivimos en nuestra infancia, y de alguna forma albergamos la esperanza de completar con ella aquellas cosas que quedaron como asuntos pendientes en nuestra infancia con nuestros padres, o de escenificar guiones y tramas inconscientes de nuestro sistema familiar de origen para que prosigan y encuentren su resolución. Esta es una de las versiones habituales del enamoramiento: "veo en ti mis anhelos, mis expectativas, el deseo de que algo cubra, rellene y complete aquello que no se completó en mi pasado afectivo"» (J. Garriga, 2013, p. 38). Según parece, con Venus en Cáncer son nuestros ancestros quienes eligen pareja a través de nosotros. De hecho, los aspectos duros entre la Luna y Venus en una carta —algo similar a Venus en Cáncer— muchas veces hablan de dilemas familiares no resueltos. Es posible que haya habido relaciones secretas extramatrimoniales o que haya una dificultad grande para establecerse en una relación, incluso cuando hay voluntad para hacerlo.

Otra de las posibilidades con los aspectos duros entre Venus y la Luna en la carta natal de una mujer es que haya habido competencia entre madre e hija. Esta rivalidad, así como la rivalidad entre las mujeres, es estructural en nuestra cultura patriarcal: el objetivo es disputarse a los hombres que están disponibles, porque son los que garantizan la supervivencia y el estatus social. En el caso entre madre e hija, podría ser que cuando esta última era niña, su madre la peinara, vistiera y estimulara para que fuese agradable con todo aquel que se le acercara. Pero una vez que comienza su pasaje hacia la adultez, la madre empieza a competir con ella. Puede hacerlo de manera explícita, por ejemplo, si usa la misma ropa que su hija, o bien, de manera sutil, si intenta socavar su seguridad mediante críticas a su comportamiento seductor o su sexualidad incipiente.

Una mujer que es madre no tiene por qué dejar de lado su sensualidad y su erotismo, pero no parece muy saludable que la forma de hacerlo sea bajo la lógica de la competencia con la hija. Su hija sentirá luego esta competencia con otras mujeres cuando esté en pareja. De fondo, lo que está chocando es el principio de la familia y la seguridad con el erotismo. Este conflicto es más habitual en los aspectos duros entre Luna y Venus o Venus en Casa 4, y no tanto en Venus en Cáncer. Aquí la integración entre la necesidad de familia o seguridad y el erotismo ya está dada. De todas maneras, aceptar lo venusino en nuestra personalidad implica aceptar la rivalidad. Cuando no lo hacemos, corremos el riesgo de quedarnos con lo que está disponible y no con aquello que realmente anhelamos.

Otro rasgo de esta Venus es su tendencia a la simbiosis emocional con las personas que ama, especialmente con su pareja. Si su pareja retira mínimamente la energía del vínculo, sea por trabajo, actividades o por un humor coyuntural, ella lo percibe al instante y se siente lastimada. Lo que anhela es la conexión profunda con su pareja y estar en contacto íntimo permanente. Solo que ese anhelo es lo que la lleva a resultar herida. ¿Quién puede estar todos los días y todas las horas con su pareja en tiempos del *amor líquido*? ¿Y en tiempos del *amor sólido* esto sería saludable?

Entre las diosas del Olimpo, Venus en Cáncer está vinculada a Hestia. En la mitología, es la diosa encargada de mantener la calidez del hogar. Se encuentra a gusto estando consigo misma. Venus en Cáncer se recupera a sí misma cuando está hacia adentro, cuando se repliega del mundo exterior y, como Hestia, busca el calor que hay dentro de ella misma. Que la casa esté bonita y sea acogedora, o que haya comida rica y nutritiva serán factores fundamentales para su bienestar y su autoestima. Venus en Cáncer, como el resto de las Venus de agua, tiende a perderse en las personas que ama y es dependiente de ellas. Por eso, necesita hacer un trabajo constante de volver a sí misma. Además de la dependencia afectiva, le resulta fácil estar atenta a las necesidades de la gente que ama, no solo de su pareja. Sabe cuidarlos, atenderlos y disfruta de hacerlos sentir cómodos y mimados. La diosa Deméter es también un arquetipo vinculado a Venus en Cáncer, y es la figura de la madre por definición.

Según la mitología griega, los estados emocionales de Deméter, variables, son los que originan las estaciones: cuando está triste, es el invierno; cuando está feliz, la primavera. Venus en Cáncer responde a esta variabilidad emocional. Algunas veces sin motivo aparente y otras solo porque se sintió herida y está esperando que, así como ella adivina las necesidades de las personas alrededor, los demás hagan lo mismo con ella. Aquí aparece el repliegue energético, el silencio y la distancia. Lo que Clara pone de manifiesto cuando hace alusión al castillo.

En el tarot, Venus en Cáncer sería la carta de La Sacerdotisa. Según las distintas explicaciones, es una mujer conectada a su mundo interno y a su intuición. Muchas veces se dice de esta carta que representa una mujer asexuada, conectada exclusivamente a la vida espiritual. Esta es una de las versiones posibles. Pero existe otra lectura: es una mujer completa en sí misma, que no necesita del mundo externo para sentirse realizada.

En el tarot aparecen figuras de hombres y mujeres, porque en los orígenes de este lenguaje simbólico los roles de ambos estaban muy marcados y las atribuciones de unos eran inaccesibles para los otros. En la actualidad, esos roles están en pleno proceso de deconstrucción. Hay cada vez más espacio para el desarrollo de dimensiones de la personalidad antes impensadas. Ya no resulta exótico que un hombre se dedique a la crianza de sus hijos. No está *ayudando* a la mujer, se está haciendo cargo de la progenie, pero sobre todo de su propia capacidad de cuidado y ternura. En España, la baja o licencia por paternidad es de cuatro meses. En Argentina y en la mayoría de los países de Latinoamérica el retraso en este tema es enorme.

Es interesante destacar la cantidad creciente de hombres gays que quieren tener hijos, y también el hecho de que muchos hombres heterosexuales se estén alejando de la figura de macho alfa cuyo único objetivo es tener sexo. Se hacen cargo de su necesidad de conectar emocionalmente con otras personas, algo que normalmente estaba asociado a las mujeres.

En la visión tradicional, los hombres solo querían sexo y las mujeres una relación estable. Esta es una visión que está perdiendo fuerza en buena parte del mundo urbano y occidental. Las mujeres tienen cada vez más espacio para decidir con quién y cuándo tener sexo y la maternidad es cada vez menos obligada y más elegida. Queda mucho por hacer, pero es un proceso que ha comenzado y difícilmente se detendrá.

Venus en Cáncer, al igual que el resto de las Venus de agua (Escorpio y Piscis), tiene una tendencia a la manipulación emocional: ahora te doy todo, ahora te lo quito y no te explico por qué. De acuerdo con el arquetipo de Deméter, Venus en Cáncer no le da tanta importancia al acto sexual, sino que busca la ternura, los mimos, los abrazos y las caricias como forma de conectar con su pareja. El riesgo con este arquetipo es la pérdida total de la libido, que la relación sea tan suave, delicada y segura que el otro termine perdiendo su atractivo. Más que una pareja, el otro pasa a ser un hijo, y se pierde así la carga erótica. Para esta Venus es fundamental aprender a cuidarse a sí misma y además, extender estas cualidades de cuidado y protección más allá de los límites de la pareja y de la gente querida. Puede ser buena maestra, consejera, psicóloga, *coach*, veterinaria, médica, ginecóloga, obstetra, pediatra o cocinera. También he visto activistas feministas y ecologistas con Venus en Cáncer. O sea, profesiones o trabajos donde ella puede cuidar de otros y conectar profundamente, porque lo que más valora en el mundo es la intimidad emocional. Ahí está su tesoro también.

Venus en Cáncer es muy buena para descubrir el potencial oculto de las personas cercanas. Esto aplica para todos los signos de agua, porque este elemento lee fácilmente el mundo inconsciente propio y el de los demás. Las Venus de agua, en sus relaciones más íntimas, tienen que estar atentas a no perderse en los demás y en lo que eventualmente podrían llegar a hacer. Necesitan conectarse con el presente y con lo que está sucediendo ahora. Deben dejar atrás el pasado y perder el miedo al futuro. Pero dejar atrás el pasado no es meramente un acto voluntario, sino que muchas veces implica dedicarse a fondo a satisfacer las propias necesidades emocionales, a la vez que se hace necesario indagar en cuestiones ancestrales con trabajos como los que proponen las constelaciones familiares, la biodescodificación o la lectura de registros akáshicos.

En este sentido, La Luna también es una carta de tarot que le va bien a esta Venus. Indagar en la vida de nuestros ancestros femeninos, en sus miedos y dramas, puede aportar información clave. Si toda esa información se hace consciente y visible, si no culpamos a nuestro linaje femenino por las elecciones o las experiencias que han tenido, ni nos consideramos meras herederas de esas vivencias, resultará mucho más fácil salir de la pauta repetitiva ancestral. De este modo, el pasado será parte inescindible de quien se es, pero no será una carga, sino simplemente parte de nuestra historia.

VENUS on LEO

5
VENUS EN LEO

Analogías con:
Venus en Casa 5[17]
Venus en aspecto al Sol[18]
Sol en Casa 7[19]
Sol en Casa 2[20]

MÍRAME

«Cuando era pequeño solía ponerme los zapatos de mi madre. Me gustaba usarlos. Sentía adoración por las distintas formas y colores que podían tener, pero lo hacía en secreto porque tenía miedo de que me descubrieran y se enfadaran. Pasaba horas mirándome al espejo. Si en esa época hubiesen existido

---

17. La Casa 5 es leonina. Sus temas son el yo, la autoexpresión, los hobbies, lo que hacemos porque sí y para nuestro propio disfrute, los amantes y los hijos. Si Venus está en Casa 5, disfrutará mucho de los romances, de hacer algo artístico o creativo y probablemente también tenga el anhelo de tener hijos.

18. El Sol es el regente de Leo.

19. El Sol en Casa 7 busca el encuentro con el otro como una forma de descubrirse a sí mismo. El riesgo es que el otro se convierta en un mero adulador de su personalidad, porque este Sol se reconoce en la medida que hay *feedback* del otro lado. Por otra parte, el Sol en la Casa 7 empuja a que los otros brillen.

20. Con el Sol en Casa 2, la persona tiene una necesidad muy grande de afirmarse en aquello que le resulta importante. Si lo hace, brilla.

las *selfies*, hubiese tenido un archivo lleno de fotos con toda la ropa que me probaba.

»Más o menos a los veinticuatro años, un amigo, compañero de piso y *drag queen*, me convenció para que me sumara a su movida. Siempre fui muy perfeccionista con la estética y me costó bastante lograr un *outfit* con el que me sintiera a gusto: tacones, medias, lencería y un vestido que me quedara espectacular. Pasé horas maquillándome y peinándome para salir a la calle e ir a una discoteca. No me sentía del todo conforme, pero con el tiempo fui ganando confianza y generando mi sello personal a la hora de vestirme. Mi propia estética. También me resultó difícil conseguir zapatos de tacón número cuarenta y tres, hasta que por fin encontré un zapatero que trabaja con trans y *drags* que me lo hizo fácil. De hecho, fue gracias a la movida *drag* que empecé a hacer cursos de maquillaje, peluquería y vestuario. Quería estar siempre impecable.

»Hoy por hoy no trabajo haciendo *performances* como *drag queen*. Las hago, pero eventualmente. Mi trabajo principal es como maquillador, estilista y diseñador de vestuario. Ser *drag* me ayudó a ganar confianza en mí mismo. Atrás quedó la vergüenza que sentía cuando era niño y me probaba la ropa de mi madre a escondidas. Ahora estoy feliz por haber desarrollado mi amor por la ropa y lo estético en general. Eso no solo me abrió un universo laboral, sino que además estoy más centrado en mí, en todas las dimensiones de mi vida. En lo que soy y lo que quiero.»

Damián

Leo es el quinto signo del zodíaco. Viene después de Cáncer, el signo de los cangrejos, que tiene una tendencia a la endogamia —esto es, a relacionarnos con nuestros iguales— y se caracteriza por la necesidad de seguridad emocional y afectiva. En Leo, el signo que le sigue, lo que aparece es la necesidad de mostrar la voluntad del Yo: «Lo que yo quiero, lo que yo deseo, lo que a mí me gusta». Si Venus, el planeta de la apertura a los otros y la autoestima, está en el signo de Leo, es fácil imaginar cómo va a expresarse, cómo va a vestirse o qué cosas le van a llamar la atención: todo lo que sea vistoso, despampanante, extravagante y que genere admiración. Todo lo que implique pasar desapercibido queda descartado. Es prácticamente imposible que una *drag queen* no llame la atención. Normalmente usan plataformas o tacones altísimos, ropa hiperajustada, maquillaje llamativo y peinados con volumen. El personaje de esta historia, además de tener una Venus leonina, tiene ascendente en Tauro y bastante energía de Saturno. Eso explica la crítica, la exigencia y el perfeccionismo. También menciona que fue a los veinticuatro años cuando se animó a presentarse como *drag* por primera vez. Los veinticuatro años coinciden con el retorno de Júpiter. Este retorno representa para todos el inicio de un nuevo ciclo con respecto a nuestra vocación. Para Damián significó el descubrimiento de su actual trabajo, además del fortalecimiento de la confianza en sí mismo, un quererse más. Esto es algo que aparece con las Venus en general. Desarrollar nuestro propio criterio estético es uno de los recursos para alimentar nuestra autoestima. En el caso de Venus en Leo, suele gustarle ropa de buena calidad y que llame la atención. Su estilo es una mezcla de orgullo, pasión y agilidad felina, como dicen los astrólogos Hajo Banzhaf y Anna Haebler (A. Haebler y H. Banzhaf, 2007, p. 92).

Esta Venus ama la belleza en sí misma. Está en la gloria con todo lo que sea artístico e implique algo de exhibición. Adora agradar, necesita hacerlo y sabe cómo lograrlo. Por supuesto, todo lo escénico y que conlleve un grado alto de exposición le va a gustar. Puede dedicarse al teatro o la danza de modo profesional o simplemente por diversión. También puede usar las redes sociales para mostrarse. En la era de las *selfies*, esta Venus está muy a gusto, pues una de las cosas que más anhela es exponerse y ser elogiada. También disfruta de ir a bares, discotecas y lugares de moda para mostrarse. No hace falta que sean lugares *mainstream* o que su estética coincida con la de los medios de comunicación, pero sí que sea especial y única para esa Venus.

De todas las diosas, Venus en Leo es, sin lugar a dudas, Afrodita. Ama el romance, la diversión y la seducción. Le gusta ser admirada. Y por encima de todas las cosas, es una enamorada del amor. El problema de esta Venus es la dependencia de la mirada ajena. Necesita el *feedback* y esto le lleva a demandar atención. Si no gusta o no tuvo la respuesta que esperaba, siente que no vale. Su desafío es encontrar la fuente de valoración en sí misma. Es un hecho que las personas no somos islas. Funcionamos en vínculo, pero que toda nuestra sensación de bienestar dependa de la atención ajena no es lo mismo que una sensación interna que compartimos y entregamos en el encuentro. Son dos lógicas muy distintas. Por eso, es muy importante que esta Venus haga cosas que le gusten, porque sí, para sí misma. No importa si es algo artístico, llevar ropa bonita y llamativa, o ir a bailar y lucirse en la pista. Lo que importa es que lo haga para su propio placer.

Por otro lado, esta Venus es muy cálida con las personas que quiere. Es generosa, entregada y tiene tendencia a disfrutar del drama y la exageración. Busca vivir como si estuviese en un mito o en un cuento. En su mejor versión, su sola presencia genera sensaciones agradables en los demás.

Leo está regido por el Sol y ya sabemos cómo opera esta estrella: es fuente de luz y de calor para todo nuestro sistema. Cuanto más cerca, más calor. Si estamos cerca de una Venus en Leo, vamos a mirarla y sentir la energía que emana.

En el tarot, la carta El Sol está vinculada a esta Venus. En la imagen aparecen dos niños que están cercanos al abrazo, bajo un sol gigante. Lucen semidesnudos. Esto representa la plena confianza en el otro. Cuando sale esta carta en una tirada, podemos esperar un tiempo de alegría y entusiasmo, dejar atrás «el mundo del dolor, el miedo y el sufrimiento, para acceder al universo de plenitud radiante, de frescura vital y profunda amorosidad» (B. Leveratto y A. Lodi, 2016, p. 314). Lo que cuenta Damián resuena en esta descripción: el pasaje de su vivencia infantil y adolescente, en la que se probaba ropa de mujer en secreto por miedo a las represalias al no ser el hijo hombre típico que sus padres esperaban, al adulto que se encontró consigo mismo, sin despreciar los deseos que tenía de niño. Abandonó los prejuicios y las comparaciones con modelos externos, y adquirió confianza en sí mismo.

En una tirada, la carta El Sol puede hablar de una tendencia a la exposición excesiva y de la necesidad de adulación, sin tener contacto real con el otro. Con la carta El Sol y con Venus en Leo es necesario aprender a discriminar cuándo hay un encuentro verdadero y cuándo los demás están buscando sacar provecho del vínculo. Uno de los riesgos de esta Venus es no percibir las verdaderas intenciones de los demás y quedarse embelesada por las apariencias.

Esta Venus también es muy buena para percibir lo que hay de especial y único en los demás, y estimularlos para que lo desarrollen. Si bien puede tener una personalidad narcisista, también posee la capacidad de impulsar a los otros, es capaz de ver el potencial dormido en ellos, por eso puede convertirse en una gran asesora o *coach*. Recordemos que es regente de Libra, un signo vincular por definición.

Leo y su regente, el Sol, y la carta El Sol del tarot se asocian con el corazón o el chakra cardíaco para los hindúes. Ese espacio energético está relacionado con el amor. Lo que importa, entonces, es la necesidad de ser fieles a nuestro corazón. Puede sonar muy *new age*, pero es muchísimo más profundo que eso. Después de todo, se necesita mucho coraje para ser leales a nuestra voluntad. Es preciso correr algunos riesgos.

Cierro este capítulo con una cita del maestro polémico y *punky* de India, Osho:

«La palabra *coraje* es muy interesante. Proviene de la raíz latina *cor*, que quiere decir *corazón*. Por tanto, ser valiente significa vivir con corazón. Los cobardes y solo los cobardes viven con la cabeza; están atemorizados, se rodean de la seguridad de la razón. Atemorizados, cierran todas las ventanas y las puertas y se esconden detrás.

»El camino del corazón es el camino del coraje. Es vivir en la inseguridad, es vivir con amor, con confianza; es adentrarse en lo desconocido. Es renunciar al pasado y permitir el futuro. Coraje es adentrarse por caminos peligrosos. La vida es peligrosa, y solo los cobardes pueden evitar el peligro, pero entonces, ya estarán muertos. La persona que está viva, realmente viva, vital, siempre se aventurará a lo desconocido. Allí encontrará peligros, pero se arriesgará. El corazón siempre está dispuesto a arriesgarse, al corazón le gusta apostar. La cabeza es un hombre de negocios. La cabeza siempre hace cálculos, es astuta. El corazón no es calculador.

»La palabra inglesa *courage* es muy bonita, muy interesante. Vivir a través del corazón es descubrir el significado. El poeta vive a través del corazón y, poco a poco, empieza a sentir en su corazón los sonidos de lo desconocido. La cabeza no puede escucharlos, está demasiado lejos de lo desconocido. La cabeza está llena de lo conocido» (Osho, 2020).

VENUS en VIRGO

6

VENUS EN VIRGO

Analogías con:
Venus en Casa 6[21]
Venus en aspecto a Mercurio[22]
Mercurio en signo de tierra
(Tauro, Virgo o Capricornio) en Casa 2[23]
Mercurio en signo de tierra
(Tauro, Virgo o Capricornio) en Casa 7[24]

PERFECTAMENTE MEDIDO

«Durante mucho tiempo salí con mujeres y hombres que conocía en Tinder y Happn. Llevo un listado de la cantidad de gente a la que he besado y con la que he tenido sexo. Pero la verdad es que me resulta difícil conectar con los demás, me cuesta no

---

21. La Casa 6 es virginiana y los temas de esa área son: el cuerpo, la salud, el trabajo y las rutinas. Con Venus en esa casa, la persona necesita disfrutar de su vida cotidiana, así como del cuidado de su cuerpo.

22. Mercurio es el regente de Virgo.

23. Mercurio en signo de Tierra en la Casa 2 va a necesitar formarse, estudiar y puede generar recursos económicos en el ámbito de la investigación, asesorando a otros sobre cuestiones de salud, alimentación o manejo de los recursos.

24. Mercurio en signo de Tierra en la Casa 7 necesita del intercambio con el otro, pero es muy selectivo y pone muchas barreras y requisitos para dejarse atravesar por la opinión de los demás.

controlar y muchas veces no puedo disfrutar siquiera del sexo. Además me di un golpe hace tiempo en el pene y le cambió levemente la forma, generándome inseguridad, sumado a que se me cortó dos veces el frenillo y siento que esa parte de mi cuerpo no es como debería de ser. Tuve un par de experiencias con hombres que no acabaron de funcionar.

»Tanto con hombres como con mujeres siempre tuve el fantasma de enfermarme, de contagiarme algo. Me puse obsesivo con el uso del condón y me hice análisis de sangre para chequear que estuviera todo bien cada vez que pude, como los actores porno que se hacen análisis cada dos semanas. No lo hice con esa frecuencia, pero sí muy a menudo. Soy enfermero, así que pude acceder a las pruebas de laboratorio sin dar demasiadas explicaciones de por qué lo hacía.

»Si bien quería una pareja, terminaba dejando a cada persona que conocía. Siempre les encontraba un *pero*, un defecto. Lo que no me terminaba de cuadrar, casi siempre, era algo físico o la falta de conexión intelectual. Por los hombres siempre sentí atracción y la necesidad de ir más allá de la charla entre colegas. De hecho, siempre me gustó vestirme con ropa de mujer. Pero siempre que he estado con hombres no me he acabado de excitar.

»Hace un tiempo conocí a la que ahora es mi novia. Lo que me gusta de la relación con ella es que podemos hablar de todo abiertamente, sin pelos en la lengua. Los dos entramos a fondo a ver qué pasa y buscamos la manera de resolverlo. Ella es muy abierta sexualmente, estuvo con mujeres y participó en tríos. Lo sé porque me lo ha contado. Y la verdad es que yo también tengo esa fantasía, pero después imagino lo poco higiénica que puede ser una orgía. Con Luciana llevamos juntos un año y tengo ganas de dejar de usar condón. Le quiero proponer que nos hagamos los análisis de sangre para dejar de protegernos de ese modo. En ese caso, ella tendría que tomar anticonceptivos, pero no quiere. Dice que no quiere meterse hormonas, que estas le harán perder la conexión con su cuerpo y sus ciclos. La respeto y seguimos con el condón. Siento que nuestra relación se va construyendo cada día. Ha atravesado ya unos cuantos procesos y siempre ha habido una mejora.

»Al mismo tiempo también pienso en irme de viaje para encontrarme a mí mismo. Una temporada en soledad puede estar bien para sacarme tantos rollos de encima. Sigo con mis cuestionamientos sobre mi sexualidad y también sobre mi trabajo. Creo que un tiempo solo me iría muy bien. Todo el tiempo hablamos de cómo nos organizaríamos, si seguir con la relación mientras yo no esté aquí, si se convertiría en una relación abierta y qué haríamos, si le diríamos al otro que nos enamoramos de alguien o lo mantendríamos en secreto, si seguiríamos con la monogamia a distancia. Creo que dependerá de la cantidad de tiempo que esté fuera. A veces esta situación me vuelve loco. Supongo que lo veremos más adelante, cuando el viaje esté a la vuelta de la esquina.

»Mi profesión, la medicina, también es una fuente de crisis para mí. Estoy lleno de críticas. Siento que es una industria nefasta y que necesito aprender más sobre otras formas de cuidarnos. Estoy investigando la alimentación alcalina, sobre todo la comida *raw*, como una forma de limpiar el organismo y prevenir enfermedades. Una de las causas de enfermarnos es que nuestro organismo tiene un exceso de acidez y la medicina tradicional colabora con esta acidificación, recetando fármacos para todo. Creo que es una forma cruel de abordarnos. Se pone demasiado énfasis en el síntoma, pero no se considera al ser humano como un todo físico, mental y emocional. También me interesa la infectología, el área de la medicina que se encarga de prevenir y tratar las enfermedades generadas por virus, bacterias, hongos y parásitos.

»Una de las cosas sobre la que vuelvo una y otra vez es mi necesidad de categorizarlo todo, de aferrarme a una definición. Me quedo pensando en si las experiencias fallidas con hombres significan que no me gustan los hombres en general o solamente que no me gustaron esos hombres en particular. Y lo mismo sucede con mi rol como enfermero y con la relación con Luciana. A veces me siento atrapado en mis propios juicios.

»Empecé a hacer yoga porque me dijeron que me iba a ir bien para calmar un poco la cabeza y trabajar mi cuerpo. Lentamente va haciendo su efecto y disfruto mucho de esa práctica.»

Mariano

Siempre que hablamos del signo de Virgo es interesante recordar cuál es el origen de esta palabra. Hay una clara conexión con la palabra *virgen*. Desde el cristianismo en adelante, una virgen es una mujer que no ha tenido relaciones sexuales. Es casta y pura. Pero antes de la llegada del cristianismo, las vírgenes eran meretrices. La pureza de esas mujeres radicaba en que no se entregaban ni a un hombre ni a la vida doméstica. Permanecían puras y completas para sí mismas. Además, eran mujeres que se dedicaban a estudiar arte y cultura, y enseñaban asuntos de sexualidad a otras mujeres, para que estas pudiesen dar placer a los hombres. Aquí aparece la noción virginiana de *servicio*. Estas meretrices buscaban satisfacer a los hombres. El placer para ellas se originaba en el contacto sexual y afectivo con otras meretrices/vírgenes. Hecha esta aclaración es más fácil entender por qué hay tantas personas con energía de Virgo que no responden a nuestro imaginario de castidad. Viven de manera opuesta a ese concepto socialmente establecido que el cristianismo introdujo. Es el caso de Mariano, el protagonista de esta historia.

Virgo es el sexto signo del zodíaco y viene después de Leo, una energía superabierta, extrovertida, que ama mostrarse y llamar la atención. Venus en Leo está enamorada del amor, como evento teatral. Cuando Venus llega a Virgo se pone más selectiva, fría y calculadora. Se puede observar que Mariano tiene una obsesión por la perfección y por encontrar una pareja que responda a todas sus expectativas. Desde la dimensión física hasta la conexión mental, que también es importante para esta Venus.

Al igual que Géminis, Virgo es un signo regido por Mercurio y, como tal, está vinculado al desarrollo intelectual. Como las meretrices que se formaban en arte y cultura, esta Venus buscará la conexión perfecta también en el plano mental. No es nada fácil satisfacer los requisitos de esta Venus, que si no encuentra defectos, los busca.

Vale la pena aclarar que hay un componente importante de energía escorpiana en la carta natal de Mariano. Este ingrediente les suma obsesión, ruido mental, desconfianza, estrategia y análisis a las cualidades de su Venus en Virgo. También intensidad, voracidad y necesidad de tener todo bajo control.

Venus en Virgo necesita mucho tiempo para abrirse al otro. Así como Venus en Leo tenía una tendencia al *show off* y a lanzarse a lo corazón valiente a una relación, Venus en Virgo avanza con suma lentitud y mantiene un halo de reserva sobre la relación que esté en curso. Le cuesta la entrega. Avanza despacio porque no sabe si la otra persona responde a sus cánones de perfección. Para esta Venus es más fácil criticar al otro que decirle que lo ama. Es interesante notar que Mariano conoce a la mayoría de las personas con las que sale por Tinder, Happn o Grindr. Muchas personas comentan que no les gusta usar estas aplicaciones porque les parecen frías, tienen la sensación de que son un catálogo de seres humanos. Pero para Venus en Virgo, que tiende a pensar más en la necesidad de que los otros cumplan con su lista de requisitos, este formato es perfecto.

De manera similar a las meretrices, en estas aplicaciones nos ofrecemos voluntariamente, como en una góndola, y nos vendemos. No estoy en contra de ellas, las he usado más de una vez, pero es interesante observar cómo funcionan.

Estas aplicaciones nos permiten prescindir de la presencia física y optimizar nuestro tiempo: podemos conseguir una cita desde la soledad del hogar, en pijama, un miércoles por la noche, cuando la soledad se hace insoportable. Vivimos una época donde «La búsqueda de un otro admite cada vez menos el rechazo y demanda más plataformas que minimicen los riesgos del dolor ante el desencuentro y a la vez potencien el narcisismo. No por nada estas aplicaciones nos muestran la cantidad de *likes* y *matches* que conseguimos diariamente para que evaluemos nuestra performance» (F. Pavoni, 2018).

Venus en Virgo puede tener algunos reparos a la hora de conocer gente en una reunión o evento. Si Venus en Leo se mostraba sin importar qué, Venus en Virgo estudia al otro antes de mostrarse disponible. Por eso las redes sociales de citas son una buena forma de medir al otro y poner distancia. Después de todo, las fotos muestran la mejor versión de cada uno y si alguien no nos gusta, simplemente dejamos de contestarle. El famoso *ghosting* que todos conocemos. Y si todo va bien, el encuentro cara a cara es el que define.

Virgo es además un signo de tierra y este elemento está asociado a la capacidad para poner límites y distancia. Con Venus en este signo, las relaciones tienen un grado de independencia. Mariano está en una relación y está feliz en ella, pero eso no es un impedimento para que se quiera ir durante unos meses. Tiene muchas preguntas sobre el futuro potencial de la relación. Después de todo, Virgo es un signo regido por Mercurio, el planeta que hace referencia a cómo funciona nuestra mente. La energía de Virgo no es espontánea. Todo se mide y analiza con suma precisión. Mariano contempla todos los horizontes posibles de su relación con Luciana cuando él esté de viaje.

Virgo es también un signo asociado a la salud y la medicina. Es muy habitual que las personas que tienen este signo en su carta natal (sin importar en qué posición esté) tiendan a ser hipocondríacas. Mariano trabaja en el ámbito de la salud, espacio virginiano y de servicio por excelencia. Además, todas sus experimentaciones sexuales han estado atravesadas por el interrogante permanente de «¿estaré enfermo?», «¿qué pasa si me contagio algo?» y unos cuantos análisis de enfermedades de transmisión sexual. En la relación con su novia se ve la necesidad de estar lo más lejos que se pueda de un embarazo no deseado. Luciana no quiere tomar pastillas anticonceptivas porque quiere permanecer en contacto con el ciclo natural de su cuerpo. Mariano, con su Venus en Virgo, respeta la independencia y las decisiones de su pareja, porque además sabe cuál es el impacto que las hormonas generan a largo plazo en las mujeres: la libido baja, la vagina se seca y hay más probabilidades de contraer infecciones, hongos, etcétera. Virgo es un signo de tierra y, como tal, no ignora que los ritmos y los ciclos de la naturaleza son sabios. El elemento tierra también necesita tener todo bajo control y ordenado, y esa podría ser una razón para optar por las pastillas, pero parece que, al menos por ahora, es más importante la decisión de su pareja de respetar su ciclo. Virgo es un signo mental y Mariano contempla en su cabeza la posibilidad de experimentar con orgías, tríos o *swinging*, pero le resulta poco higiénico. Prefiere dejarlo en el terreno mental.

Otro elemento importante de Venus en Virgo que se refleja en la relación que Mariano tiene con Luciana es que está en constante elaboración. Virgo es un signo de Tierra, mercurial y pertenece a la modalidad mutable. Es decir, existe una lógica de ajustes permanentes para que funcione cada vez mejor.

Entre las diosas del panteón, Venus en Virgo se conecta con dos. Por un lado, la diosa Hestia, que permanece dentro del templo y mantiene su orden. No necesita del mundo externo para completarse, con lo que hay en su interior es suficiente. En esta línea, Mariano está descubriendo la riqueza de su mundo interior con la práctica de yoga, el silencio, el estudio de la alimentación y el plan de aislarse del mundo en un viaje de reencuentro con él mismo. También hay una conexión fuerte con Atenea, la diosa hiperintelectual que nació de la cabeza de Zeus y que tiene un altísimo desarrollo mental. El grado de perfeccionamiento que alcanza en este plano es inversamente proporcional a la conexión con su lado visceral y salvaje. Todo lo que sea emocional y pulsional es rechazado y desconocido para su naturaleza. Si es válido mentalmente, entonces cuadra por todos lados. Al menos así funciona esta diosa. Si tuviera que decir en qué ámbitos puede encontrar placer esta Venus, diría que en todo lo vinculado a la medicina y la salud, a la reflexión y el pensamiento, así como a la meditación y el yoga y todo lo vinculado con los animales domésticos.

Venus en Virgo está asociada a dos imágenes del tarot: La Sacerdotisa y El Ermitaño. Mariano está pensando en irse del país, abandonar la vida como la conoce y liberarse de mandatos y estructuras. Más que un viaje para recorrer ciudades y ver paisajes, se trata de un viaje a sus profundidades. Necesita aislarse del mundo para ver qué hay en su interior. En su relato se hace evidente que está lleno de juicios de cómo debería ser la sexualidad o el encuentro con el otro. Esos juicios están hechos de categorías sociales y él necesita el aislamiento para encontrar qué es lo verdadero y genuino para él. También está en pleno replanteo de su profesión. La Sacerdotisa y El Ermitaño son dos cartas introspectivas. Ambas hacen referencia al momento de gestación de una nueva forma.

La Sacerdotisa tiene un huevo, que protege y engendra. El Ermitaño se dirige de espaldas hacia lo nuevo, hacia lo desconocido, y gesta así una nueva realidad. Transita la crisis de abandonar lo cómodo, pero con la tranquilidad y la sabiduría de haberse entregado y vivido la experiencia.

La Sacerdotisa es una mujer que se aísla del mundo para encontrar la fuente de sabiduría interna, más allá de la mente. En la carta, la mujer tiene un libro en sus manos, pero no lo está mirando. Esto señala que el saber proviene de otro lado, no de los libros o de lo que el mundo dice que debería ser.

En El Ermitaño aparece la figura de un anciano cubierto con una capa, con un bastón y un farol. Es un hombre que está retirado o retirándose de la sociedad. Esta carta habla de la necesidad de hacer una búsqueda profunda de uno mismo, porque el mundo externo no satisface el vacío existencial o no logra dar respuestas a los interrogantes más profundos. Y una vez que haya encontrado esas respuestas y ya no se identifique con los exabruptos emocionales, con su ruido interno y tampoco con las formas arquetípicas (en el caso de Mariano, con lo que significa ser hombre), podrá alcanzar una paz muy profunda. El regalo de esta búsqueda es poder entregarla a los demás, en servicio a la humanidad. En el caso de Mariano, una mirada distinta sobre los seres humanos y lo que llamamos salud, enfermedad y curación, un saber construido ya no desde un lugar mental, sino sentido y pasado por el cuerpo. Dicho de otra manera, las dos formas de Virgo integradas: mente y cuerpo.

VENUS en LIBRA

7

VENUS EN LIBRA

Analogía con:
Venus en Casa 7[25]

DIME QUE SOY GUAPA[26]

«Cuando estaba en la escuela secundaria me sentía como el patito feo. Me vestía como un niño, no quería usar sujetador y evitaba todo lo que era considerado estético. De hecho, más de una vez fui víctima de *bullying* por parte de mis compañeros. Siempre fui muy delgada y casi no tengo tetas. Sentía que no encajaba en lo que se espera del cuerpo y la belleza de una mujer. Además, a los dieciocho años tuve trastornos de alimentación y estuve muy cerca de la anorexia. En ese momento empecé terapia y también a practicar *pole dance*. Hay dos tipos de *pole*: el *exotic*, con tacones muy altos, y el *sport*, que es más acrobático y deportivo. En ambos casos es necesario que haya mucha piel para subir por la barra, así que se usan minishorts y tops. Al principio me daba pudor y me veía mal, sentía que

---

25. La Casa 7 es la casa de la relación con el otro, con la pareja, los socios y los enemigos declarados. Si Venus está aquí, hay una necesidad muy fuerte de recibir halagos. Además, necesita de la pareja o de un otro como una forma de descubrir lo que valora. Del mismo modo, puede ser muy astuta para despertar el potencial dormido en los demás. Y tiende a ser celosa de la belleza o atributos que tienen otras personas.
26. Tomado del vídeo *Velaske, yo soi guapa? (Las Meninas Trap Remix)*.

quedaba en evidencia mi celulitis y flacidez. Lentamente fui ganando seguridad en mí misma, pero no fue un proceso nada sencillo.

»Cuando cumplí veintiún años empecé a hacerme tatuajes y *piercings*. Creo que era una forma de rebelarme contra mis padres, que son muy conservadores. Todavía me acuerdo de una vez, a los diez o doce años, que mi padre me castigó porque tenía una camiseta corta y mostraba la barriga.

»Siempre quise cortarme el pelo, pero al novio que tenía por entonces no le gustaba, así que me costó decidirme y no lo hice hasta que nos separamos.

»Hace más o menos tres años estaba en una fiesta bailando, toda *lookeada* y haciéndome fotos, y una amiga de una amiga, que es fotógrafa, me sugirió la posibilidad de ser modelo erótica, algo que hubiera sido impensable para mi versión adolescente. Cuando por fin me animé a hacer la primera sesión, me moría de vergüenza y las fotos no salieron muy bien, pero ese fue el puntapié inicial para hacer lo que hago hoy: soy modelo erótica, que no prostituta ni actriz porno. Me hago fotos con fotógrafos profesionales o bien con mi teléfono móvil y las subo a algunas páginas como Suicide Girls, Jade Queens o a Instagram. Tengo clientes que me compran las series que hago. En cada una de ellas voy jugando con distintos *looks*. Me gusta gustar y creo que este trabajo me ayuda a lidiar con mis *defectos*. Un día decidí contárselo a mi madre, porque mi padre no lo va a aceptar nunca, y cuando ella vio las fotos me dijo: "Parece que tienes el culo gordo". Ahí quedó el tema. Tengo a mi familia bloqueada en redes sociales porque no quiero que lo descubran, con que lo sepa mi madre es suficiente.

»Desde que empecé con esto se me acercan muchas mujeres a pedirme consejos sobre las fotos y lo estético. Eso me encanta y me llama la atención, sobre todo cuando miro en retrospectiva a mi yo adolescente. Lo de las fotos lo hago porque me gusta y me da dinero, pero no es mi fuente principal de ingresos. Trabajo como administrativa en una empresa, aunque me gustaría ser modelo y promotora *full time*. Es cierto que me resulta agotador estar posando todo el tiempo para agradar a todos. Por momentos me saturo y dejo de hacer fotos, pero luego vuelvo. Además de que el trabajo de administrativa me aburre, no puedo explorar mucho la cuestión estética, porque está fuera de lugar ir a la oficina muy arreglada, maquillada o con *stilettos*. Lo que sí hago es usar lencería erótica o prendas con algún detalle de encaje. Aunque los demás no lo vean, yo sé que está ahí y lo disfruto muchísimo.

»Hace un par de semanas me operé la nariz. Tenía una de estilo italiano y no me gustaba cómo salía en las fotos de perfil. Es gracioso que la mayoría de las personas hayan pensado que me iba a operar las tetas; a mí me gusta que sean pequeñas.

»Soy consciente de que es fácil asociar el trabajo de modelo erótica a la prostitución y, si bien no estoy en contra, no me siento a gusto teniendo sexo con alguien desconocido. Tampoco me gusta el porno, que vende muchísimo más que lo erótico, pero es muy brusco para mí. No digo que esté mal, digo que a mí no me gusta. Por otro lado, me molesta muchísimo que me digan cosas en la calle. Lo siento invasivo e irrespetuoso. En cambio, las personas que compran mis *sets* de fotos son más respetuosas. Yo estoy eligiendo esa exposición.

»Además de las fotos, me encanta dibujar. Lo hago desde que soy muy pequeña. He estudiado ilustración y diseño gráfico. Ahora hago muchos dibujos eróticos, como una forma de unir mis dos mundos.»

Florencia

Virgo, el sexto signo en el recorrido zodiacal, tiene una forma de funcionamiento cerrada. En Libra, el séptimo signo, lo que aparece es la necesidad del encuentro con un otro. Lo que subyace a la lógica zodiacal es que la energía no permanece constante, sino que hay un pulso de manifestación de apertura y luego cierre, y esa lógica se reproduce permanentemente. Libra es un signo de aire y trae apertura. Venus es el regente de Libra, por lo que la astrología tradicional considera que este planeta está en casa cuando se encuentra en este signo. La expresión técnica es que está en el *domicilio*. Esto quiere decir que el planeta que nos muestra cómo nos abrimos a los demás está en el signo que se abre a los demás. Dicho de este modo es redundante, pero también muy gráfico: el planeta que habla sobre la belleza está en el signo más estético de todos.

¿Por qué la estética aparece en un signo de aire? El aire es un elemento que normalmente asociamos al mundo de la mente y las ideas, pero también pone el énfasis en las relaciones, y la búsqueda de la belleza es, en algún punto, una búsqueda por agradar a los demás. Por supuesto que si solo nos importa lo que los demás piensan de nosotros y su *feedback*, nos perdemos en la mirada de los otros. Esto es central para Venus en Libra: es tanta su necesidad de elogios, que hace de todo por gustar y termina por no saber cuál es su propio criterio. Aquí está la complejidad de esta Venus. Tiene muchísima facilidad para relacionarse y necesita de los vínculos para descubrir qué es lo importante y lo bonito para ella, pero este intercambio también la marea y pierde su centro. Algo similar a lo que sucede con Venus en Géminis, que anhela el encuentro, pero se pierde en él. Es necesario que esta Venus aprenda a permanecer en sí misma y que desarrolle la dimensión taurina de Venus.

En el caso de Florencia se hace bastante evidente este movimiento. Cuando era adolescente no tenía contacto con su Venus. Se sentía fea y poco valiosa, probablemente por los modelos de belleza de nuestra sociedad y también por comentarios que escucharía en su familia. Después de haber empezado a hacer terapia, con el ingreso a la adultez y los cuestionamientos colectivos a las normas que establecen qué es lo bello, comenzó a conectar con lo que es importante para ella.

Con Venus en Libra, lo estético y la búsqueda por gustar son estructurales, pero ella misma siente que eso la satura despúes de un tiempo. Esto se observa tanto en su trabajo como modelo como en sus ganas de tener el pelo corto: no se lo cortaba porque al novio que tenía entonces no le gustaba. Esto que parece una tontería es un desgarro muy fuerte para la persona que tiene energía de Libra. En su imaginario, si no le gusta al otro, no existe. Esta es la complejidad de este signo y de Venus en este signo. En el encuentro con el otro, o bien me descubro a mí misma o bien soy producto de las proyecciones y los deseos de los demás. Ahí es cuando aparece la búsqueda de lo estético y la belleza de una forma distinta, en las ilustraciones que ella hace o cuando elije la lencería para sí misma y no para atraer clientes. Es interesante que, como parte de su búsqueda de la *perfección estética*, haya decidido operarse la nariz, pero no las tetas, y que su imagen incluya tatuajes, *piercings* y el pelo de color rosa. En nuestra sociedad los criterios de belleza se están multiplicando y no solo se considera bonita a la mujer rubia, delgada y con tetas operadas, como era en la década del noventa. Hay menos rigidez y más espacio para la exploración personal, que por supuesto nunca es personal del todo, sino que está atravesada por corrientes colectivas. En este contexto, las corrientes colectivas que atraviesan nuestra vida son más de grupo, de circuito cerrado o tribu urbana. Esto excede a la posición de Venus en Libra: aplica al espíritu de este tiempo, donde nos manejamos por la lógica de los ecosistemas, las tribus o los guetos. Lo más probable es que las amigas de Flor tengan un *look* muy similar al de ella y si bien puede estar haciendo una búsqueda que es propia y excede a su familia de origen, será vincular de todas maneras.

Venus en Libra tiene el don y la necesidad de «aportar gozo a los sentidos mediante la belleza, la armonía y el buen gusto» (A. Haebler y H. Banzhaf, 2007, p. 54). En el caso de Flor se expresa como una necesidad de estar bien vestida también en su trabajo como administrativa. Ahora bien, es interesante mencionar que Venus es uno de los planetas interiores, es decir, uno de los más cercanos al Sol, al igual que Mercurio y Marte, y los tres colaboran con el desarrollo de la estructura de personalidad individual, esto es, el Sol de la carta natal. En la astrología que tiene una mirada psicológica, partimos de la base de que cuando somos niños nos identificamos con la Luna de la carta, que trae información sobre la relación con nuestra madre y familia de origen. Entonces, el Sol, el ascendente y el nodo norte muestran cualidades a desarrollar y trabajar. En ese sentido, los planetas interiores (Venus, Mercurio y Marte) colaboran con el despliegue de la estructura de personalidad más auténtica y propia, independiente de los mandatos familiares. Esta dinámica se ve con claridad en la historia de Flor. Su familia de origen es conservadora y represiva. Durante su adolescencia no se sentía linda y buscaba pasar desapercibida. Ese mecanismo es bastante habitual en la adolescencia, pero en la adultez puede revertirse. Como mencionaba antes, Venus en Libra es vincular y esteta por definición, así que no se lleva bien con la soledad.

El cambio de Flor empezó a los veintiún años, edad que en muchos países implica alcanzar la mayoría de edad y que astrológicamente coincide con la cuadratura de Saturno con Saturno natal, Urano en cuadratura con Urano natal y el reciente retorno de los nodos (a los dieciocho años). Más allá del tecnicismo astrológico sobre este momento de la vida, lo que sucede es que se conforma una imagen propia y se siente el anhelo de exponerla ante la sociedad, se ingresa al mundo profesional, se fortalece el contacto con la potencia sexual y finalmente, comienza a desarrollarse la vida fuera del clan familiar (B. Leveratto, 2014, pp. 85-86). Esto se ve con claridad en el caso de Florencia. Gracias al trabajo terapéutico, empieza a ganar fortaleza interna, y con las clases de *pole dance* primero, y las fotos como modelo erótica después, comienza a registrarse a sí misma. Y por supuesto, gracias a los cuestionamientos colectivos, porque en soledad es muy difícil hacer verdaderas revoluciones.

Cabe destacar que Florencia no disfruta del porno. Prefiere la sutileza de lo erótico, bien al modo aéreo y libriano. Pero tampoco es contraria a la pornografía o la prostitución. Las considera una posibilidad para otras personas, pero no para ella. Esto es muy característico de Libra también: puede separar lo que le gusta a ella de lo que les puede gustar a los otros. Además, no solo disfruta de tomarse fotografías, de gustar y que la elogien en el contexto delimitado de la fotografía, sino que además da consejos a otras mujeres sobre autoestima, imagen personal y cómo desarrollarse en el terreno del modelaje. Otra vez aparece la dinámica vincular. Tan es así que se inició como modelo erótica porque otra persona se lo sugirió. Para

Venus en Libra, es fundamental el encuentro con los otros para descubrir aspectos que por sí misma no hubiese vislumbrado. Esto es así tanto para la persona que tiene esta Venus como para los que se relacionan con ella, porque tiene la capacidad de ver lo que hay en potencia en los demás. Por eso es buena consejera. El enamoramiento tiene algo de esto: eso que me atrae de los demás es en realidad algo que está en mí de manera latente y lo descubro gracias a ese flechazo.

Venus en Libra es Afrodita. La diosa narcisista que quiere gustarle a todo el mundo y que funciona como un imán para atraer lo que necesita. Afrodita tiene un cinturón mágico que la hace hiperatractiva. Venus en Libra nos muestra cómo funciona este planeta. Lo mejor es explicarlo a través de una metáfora: una flor no necesita hacer nada especial para que los insectos vayan a ella, simplemente van porque está abierta. Le basta con mostrarse y desplegarse para que ocurra todo lo demás. En relación a esto, hay una historia en el mito de Afrodita que me parece interesante.

Paris, un príncipe troyano, hijo del rey Príamo y su esposa Hécuba, fue convocado por Zeus para que fuera el juez de una competición de belleza entre Atenea, Hera y Afrodita. El premio del concurso era una manzana de oro. Paris, con perspicacia, era consciente de que fuera cual fuera la ganadora, las perdedoras se iban a ofender y tomarían venganza. Intentó eludir la responsabilidad de emitir un juicio y propuso que dividieran la manzana de oro en tres pedazos. Su oferta fue rechazada. Cada una de las diosas le prometió una recompensa acorde a su esfera de dominio. Hera, la esposa de Zeus, riquezas y poder mundano; Atenea, la diosa intelectual, el don de la estrategia de guerra; Afrodita no le ofreció nada, simplemente se aflojó el cinturón mágico y resultó ganadora. Como recompensa, la diosa premió a Paris con Helena de Esparta, que ya estaba casada con otro hombre. Este detalle carecía de importancia para la diosa. Helena y Paris se fugaron juntos, hecho que dio inicio a la Guerra de Troya (L. Greene y H. Sasportas, 1996, p. 91).

En el tarot, esta historia está conectada con la carta Los Enamorados, que también se relaciona con Venus en Géminis, otra Venus aérea a la que le resulta difícil tomar una decisión. Es importante destacar que esta no es una historia de amor, sino de «la elección y la declaración de valores individuales» (L. Greene y H. Sasportas, 1996, p. 92). Paris tiene que elegir y asumir el costo de tal decisión. Como es joven y se excita con facilidad, su valor más alto es el amor erótico. Tal vez si hubiese sido un intelectual dedicado a investigar el impacto de la desforestación en las comunidades ancestrales de América Latina, su elección hubiese sido Atenea. O si hubiese sido un empresario que destina su vitalidad a que su emprendimiento crezca, probablemente hubiese elegido a Hera. «Así pues, en relación con Venus debemos preguntarnos: ¿qué es lo que más valoro? Ninguno de nosotros puede amar a todo el mundo ni valorar todas las cosas» (L. Greene y H. Sasportas, 1996, p. 92).

Con Venus en Libra y la carta de Los Enamorados, de lo que se trata es de elegir qué es lo que vamos a priorizar. No podemos gustar a todos, ni tampoco nos gustará todo del otro. Por un lado, Venus en Libra necesita asumir que elegir tiene un costo. Por otro lado, si ella quiere gustarles a todos, tendrá que pagar un precio muy alto: el sentirse perdida en la mirada de los demás y en lo que los demás esperan de ella. ¿Y qué pasa si nadie la mira? ¿Su valor desaparece? Es como las acciones en la bolsa, que suben y bajan según la cantidad de atención que reciben. Por eso volvemos a destacar la importancia del saber elegir y focalizarse un poco más en sí misma, a sabiendas de que su estructura será siempre vincular.

¿Qué tal llevar lo venusino al terreno laboral? ¿Ser mediadora, terapeuta de pareja, consejera o curadora de arte? ¿Y por qué no ser diseñadora de vestuario, estilista, maquilladora o fotógrafa? ¿Y qué tal la política o la diplomacia, áreas típicamente librianas donde nos encontramos con la otredad, el conflicto y la necesidad de conciliar? Muchas sugerencias y ninguna norma. Tendrás que elegir tú.

VENUS en ESCORPIO

8

VENUS EN ESCORPIO

Analogías con:
Venus en Casa 8[27]
Venus en aspecto a Plutón[28]
Plutón en Casa 7[29]
Plutón en Casa 2[30]

---

27. La Casa 8 es escorpiana y sus temas son: la psiquis individual, la sexualidad, la muerte, los procesos de transformación, las finanzas, el dinero compartido con los otros y las herencias. Venus en esta casa implica relaciones que tienen un impacto profundo en su vida, con la capacidad de modificar su forma habitual de vivir. Cada relación la cambia por completo. Además, necesita del sexo como forma de conexión con el otro. Pero sobre todo, necesita la intimidad.

28. Plutón es el regente moderno de Escorpio.

29. Las relaciones de Plutón en Casa 7 son intensas, transformadoras, pueden incluir juegos de poder, control, muchos secretos y rupturas potentes. Muchas veces la persona no sabe cómo ha quedado atrapado en una telaraña. Es fundamental examinar las motivaciones inconscientes que llevan a la persona a estar en esa situación.

30. Esta persona va a valorar las transformaciones muy potentes y lo más probable es que su economía y su cuerpo se vean modificados y atravesados por los cambios emocionales. Hay una conexión directa entre cómo se siente y cuánto dinero tiene. Puede ganar dinero con actividades plutonianas: política, economía, finanzas, psicología, sexualidad, esoterismo.

EL ENCUENTRO DE DOS SUSTANCIAS

«Si amo a alguien, lo amo con todo. Tanto, que me olvido de mí y de lo que necesito. El destino quiso que me enamorase de un hombre manipulador, ciclotímico y en crisis con su vida. Me puse el reto de sanarlo. Como si eso fuese posible. Entonces, lo que empezó como un romance intenso y apasionado terminó en mi destrucción casi total. En menos de un año de relación me quedé sin lugar donde vivir y casi sin dinero. Por eso decidí que iba a hacer un ayuno de cuarenta días. Una cuarentena sin alcohol, ni marihuana, ni sexo. Seguí comiendo, eso sí. El alcohol nunca me gustó demasiado y la abstinencia resultó fácil. El porro forma parte de mi vida desde hace mucho tiempo y me costó bastante tomar la decisión de suspenderlo. Pero nada se compara con la decisión voluntaria de no tener sexo, que es muy distinto a no tener con quién y tener que arreglármelas sola.

»Llegué a esta decisión porque algunas de las razones que me habían llevado a esta relación tenían que ver con fumar cantidades importantes de marihuana y pasar de un hombre a otro sin reflexionar demasiado. Sentí que era el momento de frenar. Mi vida era un desastre y soy partidaria de tomar medidas extremas en situaciones extremas. Hay veces que se necesitan remedios alopáticos para algunas dolencias. El mío fue la restricción y soportar el duelo a fondo. Aunque la relación había sido desastrosa y me había dejado en la ruina, una parte de mí aún echaba de menos a ese hombre. Sobre todo por la conexión física, que era realmente potente entre nosotros. El enganche sexual tan intenso no solo era fuente de placer, sino también de resolución de conflictos. Pero *resolución* es una palabra muy grande para esta situación, porque los problemas, lejos de irse, empeoraban cada vez más.

»Hubo momentos en los que tenía tanta energía que no sabía qué hacer con ella. Me puse a practicar verticales. No me convertí en acróbata, pero sí me calmaba durante un rato. Estaba muy malhumorada. Sentía electricidad en mi cuerpo. Para mi sorpresa, descubrí que no había tanta diferencia entre mi versión con y sin marihuana. También soy bastante intuitiva y perceptiva sin fumar. Lo más incómodo fue la falta de sexo con un hombre. Pero aprendí a sentirme sin que hubiera otro cuerpo a través del cual reconocerme. Muchas noches no podía dormir, dando vueltas para un lado y para otro. El alcohol y las flores duermen el hígado y, por ende, los enojos. También la vitalidad. Los orgasmos liberan hormonas del buen humor. O sea que sin sexo y sin todo lo demás, estaba bastante malhumorada e irritable. Pero a medida que pasaban los días, desaparecía la nube que tenía encima y me sentía cada vez más en dominio de mí misma. Redescubrí la potencia de masturbarme y disfrutarme. El proceso emocional fue tan potente que cuando terminó la cuarentena, encontré una casa donde mudarme y mi economía empezó a mejorar. También sentí cómo esa persona se iba de mi cuerpo. Y como suele pasar con los adictos que salen de rehabilitación y se encuentran con sus amigos y las movidas de siempre, cuando el ayuno terminó, él volvió a buscarme. Solo que esta vez las cosas fueron muy distintas.»

Lucía

Escorpio es el octavo signo del zodíaco, donde la vida se define por todo o nada. Libra, el signo anterior, necesita que todo sea liviano, sutil, delicado y estético. Aparece el conflicto y el encuentro con la otredad, pero queda como en una suerte de limbo, sin resolución. En Escorpio, en cambio, encontramos intensidades emocionales y películas porno, literal o metafóricamente: el sexo forma parte central de este signo, pero entendemos *porno* como todo aquello que sea muy potente y explícito.

Venus en Escorpio parece ser la encarnación astrológica del mito de Perséfone. Esta joven diosa fue secuestrada por Hades, dios del mundo subterráneo, que se enamoró de ella. Así, Perséfone fue obligada a pasar una temporada en el infierno. Esto entristeció tanto a Deméter, su madre, que la Tierra comenzó a secarse. Este es el origen mítico del invierno.

Zeus, padre de Perséfone, intercedió frente a Hades para lograr que su hija regresara a la superficie. Sin embargo, como Perséfone había comido unos frutos durante su estancia en el submundo, no podía volver completamente a su vida anterior. Zeus acordó con Hades que Perséfone pasara en la superficie una temporada, al cabo de la cual debía volver bajo tierra.

Cada vez que esta diosa regresa a la superficie, los árboles y las plantas florecen; otra vez, el origen mítico de una estación, en este caso, la primavera. Es decir, el mito contempla la existencia del cambio, la muerte y la transformación.

El relato de Perséfone nos permite acceder al significado simbólico de la historia que aparece en este capítulo. Pueden cambiar los actores y los escenarios, pero el trasfondo es siempre el mismo: relaciones intensas, unas cuantas dosis de dramatismo, seducción, manipulación y algo que no puede volver a ser igual. El guion del amor romántico. Entrar en esta dinámica es el equivalente al invierno emocional, y salirse de ella, a florecer. Al igual que le sucede a Perséfone, atravesar una o más de una experiencia de estas características impacta profundamente en nuestra personalidad: nada vuelve a ser como antes. ¿Cómo podría serlo? El desafío con esta Venus es abrirse a la transformación profunda que resulta de la intimidad.

Jung dice que «el encuentro de dos personas es como el contacto de dos sustancias químicas: si hay alguna reacción, ambas se transforman». Esto quiere decir que si hay encuentro verdadero con el otro, algo va a modificarse en nuestro interior, de otra manera es una relación superficial. Para decirlo de un modo gráfico y contundente: si la relación es profunda, algo se nos muere dentro. Será por eso que la conexión más obvia con el tarot es a través del llamado Arcano sin nombre, o La Muerte, que tanto miedo y aversión nos da. Esta Venus sabe que es mejor amar intensamente, y que dure lo que tenga que durar, antes que no sentir nada. Al mismo tiempo, ¡qué ganas de que dure para siempre! Esta Venus necesita aceptar que la muerte de una relación, o las múltiples crisis que una relación atraviesa, y que llevan a la muerte de una forma, son parte de la vida y eso permite que nazca algo nuevo. Una nueva percepción de sí misma, un nuevo formato vincular con la misma persona. El mito de Perséfone habla de esto. En una de las versiones del mito, el que intercede es el padre de la chica.

Según el psicoanálisis, la figura del padre trae la conciencia de límite. Es quien dice «esto se puede, esto no». Esto quiere decir que nuestras relaciones necesitan límites, bordes muy claros, porque si no, es fácil que esa transformación de la que hablan tanto Jung como el mito se convierta en destrucción. Vivir en una lógica de destrucción constante puede darnos la sensación de que estamos llenos de energía cada vez que renacemos después de una explosión, pero es realmente muy agotador.

En otra versión del mito, Deméter, la madre de Perséfone, recibe la ayuda de Hécate, la bruja que vive sola en el bosque. Es ella quien le dice a Deméter que su hija ha sido secuestrada por Hades, y de esta forma, la madre logra encontrar a su hija. En este relato, la resolución del drama de la adolescente secuestrada se resuelve gracias a una alianza entre mujeres. El feminismo de la Antigua Grecia.

Escorpio es un signo de agua, emocional, batallador y tenaz. Tiene un gran poder de voluntad. Rige los intestinos y los genitales. Estos órganos corresponden al segundo chakra, o sea, el centro energético que está relacionado con la sexualidad. Según el hinduismo, cuando este chakra está desequilibrado, hay inestabilidad emocional, ansiedad, irritabilidad y tendencia a caer en excesos con la comida, las drogas y el alcohol. Inversamente, cuando hay orden en lo que consumimos, hay muchísimas posibilidades de que el terreno emocional también se ordene. El intestino grueso está regido por Escorpio. Puede ser producto de la evolución de la biología de los seres humanos, pero el caso es que por alguna razón no llega a vaciarse por completo cada vez que evacuamos, incluso si lo hacemos varias veces por día. Si a esto le sumamos los ingredientes de la alimentación moderna, llena de químicos, azúcar, lácteos y harina blanca, el resultado es que el intestino está siempre saturado. Estos alimentos generan una pauta adictiva. Esto significa que necesitamos cada vez más y más de ellos para saciarnos. *Más pizza, más chocolate, más helado, más, por favor, que hasta el atracón no paro.* Los alimentos que generan ese apetito compulsivo son también el caldo de cultivo perfecto para emociones con esas características. No estoy diciendo que comer pizza o tener sexo sea algo negativo. El conflicto aparece cuando estos comportamientos nos hacen sufrir y, queriendo abandonarlos, no podemos.

A esta Venus le resulta apropiada la carta El Diablo, que habla de nuestras pulsiones y las reconoce como algo humano, pero también nos advierte sobre la voracidad que trae aparejada, la necesidad de multiplicar las fuentes de excitación y el vínculo de gran dependencia que se genera con lo que se está devorando. En la carta El Diablo, hay dos personajes atados del cuello por el demonio, que está en la posición central. Esta es una forma de representar el sometimiento que vive la persona a un vínculo o un mecanismo emocional. No me refiero a juegos sexuales de dominación. Con El Diablo y con Escorpio nos encontramos en el terreno de la adicción a una relación o a una forma de sentir, aunque traiga dolor y la persona oscile entre querer salir de allí y quedarse por miedo al vacío. Pero ¿qué hay detrás de esa necesidad de comerlo todo y de esa voracidad? El pulso de la supervivencia. Esa fuerza vital necesita ser encauzada. Por eso, el relato que inicia este capítulo habla del ayuno y sus efectos, pero también puede incluir limpiezas alimenticias y del colon, trabajar con obsidiana o tomar alguna planta como la artemisa para limpiar el intestino. En todos los casos, sugiero consultar con un especialista en el tema.

Las personalidades escorpianas tienden a los excesos y a la voracidad, pero también a las restricciones muy fuertes como forma de recuperar su energía. Por eso, a esta Venus también podemos asociar La Fuerza, esa carta de tarot que habla sobre la necesidad de «guiar los más básicos impulsos en armonía con propósitos trascendentes, en lugar de ser conducido por ellos» (B. Leveratto y A. Lodi, 2016, p. 207). Para Venus en Escorpio, las relaciones son siempre a todo o nada. Es común en esta Venus pasar de una temporada hipersexual a otra donde no hay sexo compartido con otro, lo que no quiere decir que no pueda experimentar la sexualidad en soledad. Es la forma que encuentra de recuperarse a sí misma. En términos vinculares, para esta Venus no existe la posibilidad de que alguien le guste «un poco nada más». Cuando es así, la relación dura un suspiro, hasta que encuentra otro espacio donde darle curso a la intensidad. De hecho, el asunto de qué hacer con la intensidad es *el tema* para ella. Porque esa energía no puede desaparecer, tiene que ir a algún lado.

Esta Venus ve el potencial de su pareja. En su fuero interno, sabe lo que la otra persona tiene para dar, incluso antes que la persona en cuestión. Esta es un arma de doble filo, porque puede invertir mucho tiempo y energía en hacer que el otro brille. Tiene complejo de terapeuta, pero no le pagan por eso. Termina haciendo este trabajo todo el tiempo. En conclusión, es fácil que acabe completamente drenada por intentar cambiar a su pareja. La verdad es que nadie tiene el poder de transformar al otro, que es el único que puede decidir hacer el proceso. Y en ese caso, lo único que cabe hacer es acompañar. Si hay otros elementos de su carta natal que la habiliten, esta Venus puede ser una buena terapeuta, en particular en áreas como la sexología, el psicoanálisis o el esoterismo. Si logra poner toda esa energía en un ámbito regulado y profesional, habrá menos posibilidades de que sus relaciones de pareja sean tan complejas y dolorosas. Puede ser muy buena ayudando a otros en cuestiones estéticas, como en esos programas de televisión que cambian por completo la apariencia de sus participantes, con corte de pelo, maquillaje y guardarropas nuevo. Y por supuesto, los dramas de Shakespeare, las telenovelas y *Cincuenta sombras de Grey* pueden resultarle fascinantes. No hago estas sugerencias para que las reproduzca, sino para que se observe a sí misma desde afuera, porque eso va a ayudarla a entenderse de otra manera.

El arte es siempre una buena forma de experimentar los modelos internos, para poder vivenciarlos y agotarlos sin tener que sufrir tanto. ¿Y qué tal hacer de la Julieta de Shakespeare en una obra de teatro? Eso sí es «morir por amor». En el lapso de cuarenta y ocho horas, hay media familia Capuleto y media familia Montesco muertas, además de los protagonistas, que son adolescentes. Creo firmemente en el poder del arte como una forma de canalizar esta intensidad, una suerte de lavadora emocional de la humanidad. A esta Venus también puede ayudarla hablar con otras personas que hayan estado en situaciones parecidas, ya sea relaciones tóxicas, violentas, abusivas o con algún grado de codependencia. Venus en Escorpio tiene un gran entendimiento de los dramas vinculares que vivimos y puede asumir el rol de abanderada en la «deconstrucción del amor romántico». O sea, en poner de manifiesto esa forma de relacionarnos basada en el drama, la posesión y la manipulación, no desde la mente, sino desde el saber propio, porque estuvo allí, le puso el cuerpo y fue atravesada por la situación. Además, esta Venus que encuentra placer en transformar y en lidiar con situaciones conflictivas puede disfrutar mucho de alguna forma de hacer política.

Venus en Escorpio es muy seductora. Usar su magnetismo para conseguir cosas la hace víctima fácil de los juegos de poder. Muchas veces cree que domina la situación, pero luego acaba enamorándose y encaprichándose de la persona en cuestión. Hay miles de películas que hablan sobre esto y todas tienen la misma estructura: el o la protagonista inician un romance por una apuesta o para conseguir algo. Piensan que van a salir rápido de la situación, pero terminan como Perséfone, que sin querer comió un fruto del inframundo y ya no puede volver atrás. Es decir, se enamoran de la persona que pensaba timar o usar para su propio beneficio.

Esta Venus tiene un anhelo interno de poseer al otro y fusionarse con él, por eso es tan importante la unión sexual y el orgasmo. Es el momento de conexión máxima con la otra persona. Volviendo a los hindúes y la tradición tántrica, el orgasmo es el punto de encuentro con la fuente, con el universo o con los dioses. Lo que los franceses llaman *la petite mort*, «la pequeña muerte». Lo más fácil es la represión de esa energía tan potente pero, más tarde o más temprano, este hermoso y seductor volcán escorpiano termina explotando. Lo mejor es aprender a encauzar toda esta intensidad hacia alguna dimensión creativa, como las que mencioné antes. Y, sobre todo, la experiencia será de gran ayuda. Después de algunas historias donde termina completamente desarmada, esta Venus afina el radar para no engancharse con personas que estén rotas o que estén buscando una pareja-terapeuta. Entonces podrá encontrarse con alguien que sea un par. El tema es relacionarse con un igual, que no haya uno «que sane» y otro que necesite «ser sanado», sino que estén en pie de igualdad y que ambos se transformen.

VENUS en SAGITARIO

9

VENUS EN SAGITARIO

Analogías con:
Venus en aspecto a Júpiter[31]
Venus en Casa 9[32]
Júpiter en casa 7[33]
Júpiter en Casa 2[34]

EL AMOR ES UN VIAJE

«Estaba en una fiesta con dos amigas, llevaba un par de copas de vino encima, me reía y bailaba. Juan se me acercó, me sonrió y nos pusimos a bailar unas cumbias. Nos entendimos muy

---

31. Júpiter es el regente de Sagitario.

32. La Casa 9 es sagitariana: viajes largos, estudios de larga duración, cosmovisión (política, religión, ideología, ética, moral) y relación con los maestros. Venus en esta Casa es una idealista del amor, puede llegar a enamorarse de un maestro o maestra o de alguien extranjero y necesita tener afinidad ideológica, moral, política, etcétera, para que la relación prospere. Puede ser buena docente de algo venusino (arte, belleza, estética), o bien consejera y terapeuta de pareja.

33. Con Júpiter en Casa 7, la persona necesita libertad y autonomía de movimiento en las relaciones. Tiende a idealizar a su pareja y convertirla en «maestro». O puede tener relaciones con alguien de otro país, o que viva lejos.

34. En esta posición, la persona tiene como valor más alto la libertad y la confianza de que todo se va a acomodar fácilmente. El dinero entra y sale fácilmente. Puede ganar dinero con actividades vinculadas al conocimiento, los viajes, la transmisión de saberes, la espiritualidad y la docencia.

bien en la pista. Me encanta bailar y no es fácil encontrar un buen compañero. Al rato, ya nos estábamos besando en un rincón de la discoteca. Nos fuimos a mi casa. Igual que en la pista de baile, el sexo fue genial. Así fue como empezamos la relación.

»Además de gustarme la fiesta, soy astróloga y tarotista, me dedico a eso. Y si bien mi gusto en cuanto a hombres y mujeres es variado y abarca distintas profesiones, me resultó bastante novedoso que Juan supiera de mi mundo. Su madre era chamana, trabajaba con cristales y hacía regresiones a vidas pasadas. O sea que él conocía muchas cosas que formaban parte de mi vida cotidiana. Además de la conexión física, teníamos una conexión mental muy potente. Por momentos, sentía que había ganado la lotería.

»La relación empezó a avanzar y empezamos a salir juntos. Qué loco ese momento en que una dice "sí, soy tu novia". Juan me invitaba a dormir unas cuantas noches por semana y yo, que estaba superentusiasmada, le decía siempre que sí. Pero en un momento empecé a sentirme asfixiada. Quería salir con amigas y él se ofendía porque no dormíamos juntos o porque no lo invitaba a sumarse a mis planes. El entusiasmo inicial que yo sentía y la sensación de haber ganado un premio empezaron a diluirse.

»Una noche me llamó por teléfono, me dijo que quería terminar la relación y que había tomado la decisión de irse de viaje a México por tiempo indeterminado. Me quedé absolutamente sorprendida, pero no podía hacer nada al respecto. Le deseé buena vida, buen viaje y le agradecí por el tiempo compartido. Pero, antes de terminar la conversación, él me dijo que se había dado cuenta de que yo no quería ser su pareja, sino que quería experimentar lo que significaba estar en una relación, porque yo siempre había sido muy fóbica. Por supuesto que se lo negué rotundamente, le dije que yo lo amaba y que quería estar con él, pero que no podía hacer nada ante su decisión de viajar y "que te vaya bonito, mi amor".

»Todavía sigo pensando en eso que me dijo. Creo que tenía razón, a pesar de que él me gustaba y que quería estar con él. Por supuesto que mi vida siguió y hubo mil historias más, pero su reflexión todavía me da vueltas en la cabeza. Por una vez, alguien me llegó profundo.»

Belén

Sagitario es el noveno signo del zodíaco y es un signo de fuego. El elemento fuego se concentra en lo que desea lograr y conquistar. Pero el fuego de Sagitario es mutable, es decir, en su funcionamiento existe la posibilidad de que las cosas cambien rápidamente. Si en Escorpio el problema era quedarse empantanado en el conflicto y el sufrimiento innecesario, en Sagitario estamos en un terreno donde todo fluye con facilidad y no hay oportunidad para que las complicaciones aparezcan.

Este es el signo del entusiasmo, la aventura, los viajes y la alegría. Si hay entusiasmo, hay vida, si no, pasamos a la página siguiente. Ya sabemos que el entusiasmo dura poco, a menos que se alimente con experiencias novedosas de manera constante. Con Sagitario, llega el momento del renacimiento y la expansión, tras la presión y la tensión vivida en Escorpio. Tras atravesar la experiencia escorpiana, en Sagitario se alcanza la comprensión de que hay algo más allá del propio deseo, que están las fuerzas de la vida operando. Aquí aparece la dimensión espiritual de este signo. En Sagitario se sintetizan las experiencias vividas en Escorpio, el signo anterior, y después del sufrimiento, del conflicto y la tensión, emerge la nueva vida.

Sagitario es el signo de los maestros y las estructuras de conocimiento, tanto religiosas y espirituales como políticas e ideológicas. Son cosmovisiones. Por eso, Sagitario puede producir personalidades dogmáticas y rígidas, que creen saberlo todo, pero que en realidad están atravesados por su propia subjetividad. Lo que hacen es universalizar sus experiencias y visiones. Es decir, sacan conclusiones en función de su experiencia personal y las convierten en teorías que toman como la única verdad, lo que implica que todos los demás están equivocados. Son los que evangelizan y van a la conquista de aquello que consideran importante. Son exagerados y lo llevan todo al terreno de lo épico y lo mítico. Sagitario prefiere la novedad a lo cotidiano. Además, es un signo que está representado por el Centauro, una criatura que es mitad caballo y mitad humano. O sea que en este signo está integrada la naturaleza salvaje con el intelecto.

Si Venus —el planeta que habla de cómo nos abrimos a los demás, qué es lo que nos da placer y cuál es la fuente de nuestra autoestima— está en Sagitario, a partir de lo que llevamos dicho nos podemos imaginar qué es lo que va a valorar y cómo va a relacionarse. Su valor más alto en materia de relaciones es la libertad y la autonomía para moverse de un lado a otro, completamente a su gusto. Si empieza a sentir que pierde libertad de acción, dejará inmediatamente esa relación, algo parecido a lo que sucede con Venus en Géminis. Venus en Sagitario necesita conexión intelectual y diversión y la sensación de que la relación es especial y está más allá de lo ordinario, que tiene como origen y destino algo más grande que lo humano.

La carta de tarot que corresponde a esta Venus es La Templanza, aquella que representa «una apertura y entrega a lo sagrado y divino, la contemplación de la totalidad de la cual participa la experiencia individual, la receptividad a un propósito trascendente y la armónica alineación de los anhelos personales con él. La Templanza refleja con claridad lo que en nuestra praxis astrológica solemos interpretar de Venus en Sagitario: la función de receptividad y apertura amorosa que manifiesta una cualidad de disposición hacia un sentido trascendente, divino y superior» (B. Leveratto y A. Lodi, 2016, p. 239).

También será fundamental la conexión física y sexual, después de todo, el animal mítico de Sagitario es el centauro. Por eso, un personaje que cuadra bien con esta Venus es la Amazona, que también asociamos a Venus en Aries, otra Venus de fuego. La tribu de las amazonas estaba conformada y gobernada solo por mujeres. Hay quienes afirman que se amputaban una teta para que el uso del arco y la flecha fuese más cómodo. Son las mujeres que montan a caballo. Esta sería la versión mítica y, por lo tanto, gráfica y exagerada del relato: Belén prefería estar con sus amigas y hacer sus planes, porque la relación de pareja con Juan le molestaba.

Las amazonas de la Antigüedad conformaban un estado guerrero donde los hombres no eran admitidos. Una vez al año hacían festejos en los que participaban los hombres con el único objetivo de reproducirse. Cuando nacían los bebés, solo se quedaban con las de sexo femenino y el resto eran abandonados o asesinados. Al modo de las amazonas, una vez que Belén conquistó a ese hombre y estuvo segura de que él estaba entregado a la relación, ya no le encontró utilidad. En el relato que aparece en este capítulo, es Juan quien decide terminar la relación, pero se podría inferir que fue Belén quien lo empujó a tomar esa decisión con su ausencia.

Para Venus en Sagitario es muchísimo más importante el ideal del amor que el amor real. Es muy buena para enseñar a otros sobre el amor, la entrega y las implicaciones de una relación, pero es probable que sean solo teorías, muy buenas e interesantes de la boca para afuera. Es posible que esas teorías sean, en parte, un producto exagerado y sobredimensionado de su propia experiencia, y en parte algo aprendido en algún libro o algo que dijo un referente de esta Venus y que ella repite sin más. Dicho sea de paso, Venus en Sagitario tiene muchos números para enamorarse de algún maestro o maestra, o bien, de algún referente político. Se siente atraída hacia estas figuras mientras no muestren su humanidad o sus lados sombríos. Si esto sucede, es muy probable que se fastidie y se vaya.

Venus en Sagitario tiende a ser cambiante y pierde el entusiasmo fácilmente, sobre todo cuando el otro se vuelve alguien *seguro,* predecible o da muestras de que está *garantizado.* En la historia que da inicio a este capítulo vemos que cuando Juan decide irse de viaje y le revela a Belén lo que piensa sobre ella y sobre la relación, Belén desea nuevamente estar con Juan. Además de que Juan ya no estaba disponible y, por tanto, tenía que ser cazado, él entró en su mente, algo que no es tan sencillo con Sagitario, que cree saberlo todo. Por supuesto, Belén no se quedó estancada. Como ella misma confiesa, vinieron más historias. Esta Venus es optimista y se recupera con bastante facilidad cuando se termina una relación. En este sentido, está bastante lejos de las Venus de agua (Cáncer, Escorpio, Piscis) o de tierra (Tauro, Virgo, Capricornio), a las que les lleva algo de tiempo procesar lo sucedido. Con Venus en Sagitario, cuando te quieres dar cuenta, ya se ha ido.

En el relato de Belén también hay un elemento bastante representativo de la Venus sagitariana: su pareja se va de viaje. Es muy común cuando Venus está en Sagitario que el enamoramiento suceda en un viaje, con alguien que se está yendo de viaje o con alguien de otro país. También es muy habitual que esta Venus se sienta atraída por alguien que sepa mucho de algún tema de su interés. En el caso de Juan y Belén, tenían una afinidad muy alta en temas vinculados a la espiritualidad. Además, Juan se termina yendo de viaje, por si quedaban dudas de la conexión entre la astrología y la vida.

Venus en Sagitario responde a las cualidades de Afrodita descritas por Jean Shinoda Bolen. Es impulsiva y se lanza sin dudar a su aventura amorosa. El problema aparece cuando la relación necesita estabilizarse. En ese momento Afrodita se marcha, porque se le está coartando la posibilidad de vivir un romance más divertido y mejor. Venus en Sagitario parece manejarse con esta lógica y por eso empieza una relación y la termina con suma rapidez, en cuanto siente que podría sentirse mejor en otro destino. Si Venus en Escorpio, la anterior, se quedaba fácilmente estancada en relaciones conflictivas y emocionalmente intensas, Venus en Sagitario se toma el primer avión disponible con tal de salir de la dificultad. No digo que esté mal, solo me interesa destacar que en esta búsqueda de la relación ideal va de un lado a otro incansablemente, tras los fuegos artificiales y la relación fantástica, algo que necesariamente dura muy poco tiempo. Este no es un problema en sí mismo, pero sí lo es pretender que ese estado dure para siempre, cuando está claro que esa sensación solamente dura un rato.

Venus en Sagitario es muy independiente y tiene afinidad con Artemisa, la diosa de los bosques. Sagitario es un signo conectado a los espacios abiertos y a la naturaleza, así que esta Venus puede disfrutar muchísimo de los viajes y de estar al aire libre, sola. Esta es la medicina para su autoestima, al igual que la danza, montar en bicicleta o correr. Estas actividades son una fuente de placer para esta Venus, así como todo lo que implique aprender y enseñar y ser activista de alguna causa. Como decía en los capítulos anteriores, Artemisa es una diosa virginal, es decir, completa en sí misma. No necesita del otro para sentirse así. Artemisa disfrutaba estar en el bosque con las ninfas. Belén, como Artemisa, prefería hacer planes con sus amigas, las ninfas, antes que irse a dormir con su novio. Para esta Venus, una relación puede existir a largo plazo siempre que tenga espacio para hacer su vida, haya buena conexión física e intelectual y diversión. No digo que sea fácil que todo eso suceda de forma simultánea, pero es la condición para que esta Venus hipergenerosa y demostrativa pueda permanecer en un vínculo.

Venus en Sagitario tiene un tesoro y es que sabe que puede vivir sin el otro, sin cargar sobre las espaldas del otro la responsabilidad de su propia vida y sin que el otro cargue sobre ella la responsabilidad que le corresponde. (J. Garriga, 2013, p. 147).

Venus en Sagitario, ya madura, cuando deja de vagar de un lado a otro tras el amor épico y aprende a permanecer en una relación, conservando su camino y su búsqueda personal, debería ser la difusora de la oración creada por Fritz Perls que dice:

«Yo soy yo. Tú eres tú.
Yo no estoy en el mundo para colmar tus expectativas,
tú no estás en el mundo para colmar las mías.
Yo estoy para ser yo mismo y vivir mi vida,
tú estás para ser tú mismo y vivir tu vida.
Si nos encontramos, será hermoso.
Si no nos encontramos, no habrá nada que hacer»
(J. Garriga, 2013, p. 147).

VENUS en CAPRICORNIO

10

VENUS EN CAPRICORNIO

Analogías con:
Venus en aspecto a Saturno[35]
Venus en Casa 10[36]
Saturno en Casa 7[37]
Saturno en Casa 2[38]

LAS EDADES DEL AMOR

«Él me llevaba catorce años. Fuimos pareja durante un tiempo, vivimos juntos y hablamos de casarnos, un poco en broma, un poco en serio, pero nunca sucedió. Nos separamos al poco tiempo porque nos llevábamos muy mal. Teníamos cada vez más problemas para entendernos. Creo que estábamos los dos en un momento muy complejo de la vida. Pasaron unos meses

---

35. Saturno es el regente de Capricornio.

36. La Casa 10 es capricorniana: el estatus, el estado civil, la profesión y la relación con el padre forman parte de esta Casa.

37. Es muy habitual que la persona se enamore de gente mayor que ella. O bien que sienta que una relación le quita autonomía e independencia, que el otro la limita. También puede ser que sus relaciones sean de larga duración, o todo lo contrario, que sea picaflor, una manera de no sentirse limitado.

38. Con esta posición, la persona tiene que aprender a organizar su dinero y su energía, ser muy ordenada con sus gastos y aprender a valorarse para no dejar que la exploten. Puede ser referente de otros en relación al dinero y la conexión con el cuerpo.

y él volvió a buscarme. No había sido un final fácil para mí, y la verdad es que yo también le seguía dando vueltas a esa historia.

»Dos días antes de su reaparición, tuve un sueño muy vívido. Lo vi con una mujer sin cara ni rasgos definidos, en una cama. Yo le decía a ella: "Qué decepción, pensé que éramos amigas". Me desperté y tardé un rato en darme cuenta de que estaba en mi casa, sola. Cuarenta y ocho horas más tarde, él regresaba a mi vida. Volvimos a estar juntos, claro. El amor que había sentido por él estaba intacto. Le pregunté si estaba con alguien o si estaba en pareja. Me respondió que había alguien en su vida, pero que no era nada importante. Dejamos el asunto ahí, pero a mí el tema me siguió dando vueltas en la cabeza.

»Pasó el tiempo. La relación era de puertas hacia adentro. Mis amigos y mi familia sabían que estábamos en un nuevo capítulo de la relación. Pero para mí era evidente que como pareja, en el sentido tradicional del término, no íbamos a funcionar. Él tenía una personalidad muy compleja. Entendí que lo mejor era esa modalidad de encuentros, sin pensar en que la relación pudiera volver a ser lo que habíamos proyectado tiempo atrás. Además, yo estaba a gusto viviendo sola, disfrutaba de mi momento profesional y me ganaba bien la vida. Algo impensado para mis niveles de hippismo anteriores. Así que yo estaba tranquila con no volver a ser su novia. De todas maneras, él insistía en que nuestra relación fuese un secreto. Eso me resultaba muy raro. ¿Cuál era el problema de besarnos en la calle si éramos dos adultos? Algo no me cuadraba. Pese a ser casi un cincuentón, él seguía siendo un adolescente evasivo. Mientras tanto, yo hacía mi vida: trabajaba, salía con amigos y planeaba mis próximos pasos en el mundo profesional. Estaba feliz porque lo veía de un modo realista, pero a la vez me permitía amarlo una vez más así como era: atractivo, gracioso, irresponsable, con esa actitud de veinteañero.

»Pero un día descubrí, por casualidad, que en su teléfono me tenía agendada como Jorge. No lo revisé, lo vi. Y le volví a preguntar si tenía pareja. Fue entonces cuando el sueño cobró sentido, y también esos indicios de no querer hacer demostraciones públicas. No todos mis sueños son premonitorios, pero este lo fue. Estaba saliendo con una mujer que había sido mi amiga durante un corto período de tiempo. Los tres compartíamos intereses y circuitos. ¿Cómo había pasado de ser su novia a ser su amante?

»Esta vez me tocó ocupar otro puesto en la estructura triangular. Alguna vez engañé, me han traicionado y ahora ocupaba el puesto de "la otra". Llamémoslo karma, o la vida. Su novia era una mujer que me caía muy bien. Es cierto que ya no éramos amigas, tampoco habíamos tenido una relación muy cercana o duradera. Pero era alguien a quien conocía, que se dedicaba a lo mismo que yo y que estaba interesada en el mismo hombre. Fue fácil para mi mente infantil tomar el mando y repetirme una y otra vez que ella me robaba la pareja y también el trabajo. Como si las personas fueran de nuestra propiedad, como si el éxito profesional de uno le quitara mérito a otro. Creo que lo que más me molestaba de la situación era que fuese una relación basada en la mentira. Había una parte de celos, claro que sí. Pero una parte de mí sabía que lo mejor que me podía pasar era que ese hombre estuviese con más de una mujer. Demasiado insoportable para una sola persona. De esta manera, yo podía seguir con mis planes de joven profesional independiente. El problema era que los tres teníamos mucha gente en común y que nuestra relación fuese un secreto me daba mucha pereza. ¿Por qué tenía que privarme de hablar abiertamente de mi vida, si no había nada malo en lo que estaba sucediendo? No lo entendía y no estaba dispuesta a tolerarlo. Pero tampoco podía salirme de ahí, y cuando hablé con él de esta incomodidad, su respuesta fue "las cosas son así y punto, no van a cambiar". La traducción era: "La relación va a seguir siendo secreta porque yo estoy en pareja".

»Como no tenía la fuerza para terminar la relación, pero tampoco quería seguir así, me metí bien para adentro y rememoré el primer triángulo que viví: mi padre, mi madre y yo. Era un manual de psicología freudiana. Dos mujeres amando a un mismo hombre. Cuando pude ver esa situación con claridad —la competencia con mi madre, la necesidad de ganarme a mi padre y el hecho de que mi presencia había funcionado como bastón del matrimonio de mis padres—, fue muchísimo más fácil salirme de la relación con Juan Manuel. Además de entenderlo todo y de los *insights*, fue clave no negar lo que sentía por él. El amor no fue un obstáculo, sino la plataforma para poder decir "hasta aquí llego". Seguí amándolo, pero a distancia. Y ese amor focalizado en una persona con el tiempo fue perdiendo intensidad, se hizo espacio para que creciera un amor más fuerte por mí misma y por la verdad, ante todo.»

Jazmín

Si Sagitario es un signo de fuego, donde lo que importa son los ideales y acompañar el movimiento de la vida, en Capricornio, el décimo signo del zodíaco, se consolidan las formas y las estructuras. Es un signo de tierra regido por Saturno. Este planeta representa al padre, a las figuras de autoridad y a las personas mayores. Estos rasgos se ven con claridad en este relato de Venus en Capricornio: el planeta de las relaciones y de aquello que valoramos en el signo de las estructuras, de lo correcto, de la rigidez y el deber ser.

Jazmín, la protagonista de este relato, está con un hombre que le lleva catorce años de edad. Los múltiplos de siete son números saturninos, porque cada siete años este planeta hace un aspecto consigo mismo. Saturno es el regente de Capricornio. Si este hombre le llevaba catorce años, se puede concluir que la relación está atravesada por la dinámica del señor de los anillos. Además, ellos tenían una relación con proyectos a largo plazo, y en el relato Jazmín tiene debates internos sobre lo que «debe hacerse». También está presente la cuestión de la visibilidad tanto de pareja como profesional.

Podemos relacionar a esta Venus con Atenea, la diosa que, según la mitología clásica, nació de la cabeza de Zeus. Es una diosa racional, intelectual, pragmática y desconectada de sus emociones. Pero su gran poder intelectual le ayuda a comprender qué es lo que está pasando. Su seguridad, su potencia y su autoestima están conectadas a la capacidad para discernir, lógicamente hablando. Jean Shinoda Bolen la ubica dentro de la categoría de las diosas vírgenes. O sea, las diosas que no dependen de una figura externa para completarse. Están completas así como son.

Si trasponemos el relato mítico a las personas de carne y hueso, podemos observar una pauta edípica importante. Su desarrollo intelectual —y profesional— es parte de la conexión con su padre. Después de todo, *nació de su cabeza*. Como esta niña no puede vencer a su madre en la disputa por el amor paterno, desarrolla su lado mental y exitoso en términos mundanos para obtener la atención y el afecto paternos.

Una jugada psicológica y energética de libro que muchas mujeres repetimos en mayor o menor medida. Capricornio es, de hecho, el signo que está vinculado con el padre. Es una energía de tierra, hiperrealista y poco fantasiosa. Es escéptica y pesimista.

En el comienzo del relato hay un sueño que tiene un lugar destacado en esta historia. Eso se debe a que Jazmín nació con Neptuno en Capricornio, o sea, pertenece a la amplia generación que va desde 1984 hasta 1998, aproximadamente. Neptuno es el planeta responsable de los sueños y las premoniciones. Esta Venus en Capricornio hace conjunción a Neptuno. Neptuno también trae los engaños y las ilusiones. Parece que la protagonista de esta historia, pese a su realismo, también tiene un componente fantasio-

ASUNTOS DE VENUS

so importante, de otra forma no se hubiese dejado engañar tan fácilmente, hubiese insistido con las preguntas o simplemente se hubiese dejado guiar por la evidencia concreta de las respuestas vagas y la falta de demostraciones de afecto en público. Es por eso que la carta de tarot que se vincula a Venus en Capricornio es La Justicia, esa mujer que está sentada con una espada y una balanza en sus manos.

Sallie Nichols dice que «la espada representa el poder dorado del discernimiento que nos permite abrirnos paso a través de capas de confusión y falsas imágenes para revelarnos una verdad central» (S. Nichols, 2012, p. 220). Esta mujer está sentada de frente, un detalle no menor, porque nos pide que miremos a la cara la situación, que asumamos nuestra responsabilidad, dejemos de proyectar culpas en los demás, seamos maduros y abandonemos las ilusiones (B. Leveratto y A. Lodi, 2016, p. 151). Entonces podemos creer que el mundo se nos volvió en contra o que estamos recibiendo un castigo por nuestras acciones pasadas, como afirma Jazmín cuando menciona el karma.

Cuando hablamos de karma, habitualmente creemos que hay un Dios barbudo entre las nubes dictaminando cuál es el castigo que nos merecemos por nuestros *pecados*. Normalmente pensamos en un hombre, un patriarca, un Saturno. Pero no creo que el karma funcione de esta manera. Pienso que es una fuerza neutral, sin carga valorativa ni juiciosa, pero que funciona como un búmeran, algo que lanzamos y que en algún momento vuelve. La vida tiene su propia lógica y no responde a nuestros caprichos. Finalmente, esta carta nos permite comprender que las cosas tienen su proceso y que no hay necesidad de forzar ninguna situación, porque los eventos (las relaciones) tienen su movimiento natural.

Retomando las características de Venus en Capricornio, lo que encontré en mis estadísticas caseras es que en esta posición las personas pueden tener relaciones a largo plazo, con muchos capítulos de unión y distanciamiento, pero donde el vínculo se sostiene pese a todo, o bien se pueden dar relaciones con personas con una marcada diferencia de edad. Además, he visto Venus en Capricornio a las que les cuesta mucho enamorarse porque temen perder su independencia. Normalmente funcionan bajo la lógica de que «el amor es una construcción» y no creen demasiado en el flechazo, a menos que tengan estructura de fuego (Aries, Leo, Sagitario) o Urano y Neptuno fuertes[39] en su carta natal. Cuando esto es así, puede haber otra forma más apasionada de funcionar, contrarrestando los efectos hiperrealistas y escépticos de esta Venus.

Otra de las características que he observado en esta Venus es que puede operar con un grado de aceptación muy alta sobre lo que el mundo llama *infidelidades*. Para ella, son parte de la vida y de las relaciones humanas. El hiperrealismo de Venus en Capricornio y la confianza de las uniones a largo plazo pueden ser el puntapié inicial para vivir relaciones abiertas. ¿Cuál es el problema con amar a más de una persona? Ninguno realmente. Liz Green lo explica bien en su texto *El eterno triángulo*: ninguna de las posiciones del triángulo sexual y afectivo es agradable o feliz. La persona que está en el medio de dos se siente desgarrada. La persona que ocupa el rol de la pareja oficial se quema por dentro con sospechas y siente el dolor y el peso de la traición. Y la persona que ocupa el lugar de amante,

---

39. Voy a usar el criterio establecido por Casa XI sobre la polaridad uraniana con aportes propios: Urano en Casa 1, 4, 7, 10 o 12, en aspecto duro al Sol, la Luna, el regente del ascendente o Sol, Luna, ascendente en Acuario.

muchas veces puede sentir cierta satisfacción por ser la que conoce toda la situación y no estar siendo engañada, pero a la vez carga con el estigma social de ser culpable, mala persona y rompeparejas. Haber estado en todas las posiciones del triángulo amoroso, como Jazmín, le permitió quitarle juicio y carga a la situación y comprender las relaciones de pareja de otro modo. Sobre todo cuando pudo elaborar el primer triángulo del que formó parte.

Otra de las formas de funcionamiento de Venus en Capricornio se puede relacionar con la diosa Hera, la esposa de Zeus, que vive indignada por las infidelidades de su pareja, pero que, pese a su enfado, elige sostener la formalidad del vínculo. Preserva el matrimonio, pero se llena de enojo y frustración. En este caso es importante que la persona tenga una vida más allá de la pareja. De lo contrario corre el riesgo de que las infidelidades o historias de su pareja minen su autoestima. Es importante que se desarrolle en el terreno profesional. También puede tener sus rituales de belleza, hacer cosas que la hagan sentir a gusto. Esta Venus puede ser muy austera en su estética o sumarse al estilo hegemónico, como el que se ve en la mayoría de las personas de los medios de comunicación. Lo importante es que esta Venus haga una búsqueda verdadera de aquello que la hace sentir bien. Como los vinos, ella se pondrá más hermosa y se sentirá mucho mejor consigo misma a medida que pasen los años y envejezca. Esto es absolutamente disruptivo en nuestra cultura, que rechaza a las mujeres viejas, pero creo que precisamente en esto radica la gran potencia y belleza de esta Venus. Venus en Capricornio necesita simplemente dedicarle tiempo y energía a su propio bienestar. El asunto es que esta Venus, tan pendiente de la mirada paterna, primero, y de la aprobación externa, después, muchas veces ni siquiera sabe qué es lo que le hace bien, porque está demasiado atravesada por lo que cree que debería gustarle o por lo que el mundo dice que debería gustarle. Hay un primer nivel de Capricornio que está asociado a los mandatos familiares y sociales de lo que debe hacerse, pero una vez sorteada esa capa y, sobre todo, si la persona se atreve a hacer su propio recorrido, estará muy cerca de la libertad. No una libertad falsa y adolescente, sino más bien la libertad de seguir su propia normativa y su propio criterio de validez. Para ello deberá tomarse el trabajo de ir más allá de lo que le da seguridad. Su camino es descubrir qué le da placer.

Me imagino a esta Venus aconsejando a emprendedores o a aquellos que quieren desarrollarse profesionalmente y no saben cómo hacerlo, o bien colaborando en el proceso de autonomía de otras mujeres. Está claro que Venus está presente en cartas de hombres, pero ellos tienen el permiso cultural y social para hacer lo que quieran, dedicarse a su profesión y ganar dinero por ello.

VENUS en ACUARIO

11

VENUS EN ACUARIO

Analogías con:
Venus en aspecto con Urano[40]
Venus en Casa 11[41]
Urano en Casa 7[42]
Urano en Casa 2[43]

LIBRE, LOCA

«Soy profesora de francés y doy clases en institutos en un barrio acomodado en Buenos Aires. Después de algunos años dando clases decidí fundar mi propia academia. La idea era dar cada vez menos clases y ejercer solo como directora allí.

40. Urano es el regente moderno de Acuario.

41. La Casa 11 es acuariana: aquí aparecen los vínculos horizontales, donde la conexión central es la afinidad intelectual. Venus en esta Casa necesita esta conexión con el otro, sobre todo, basada en la amistad.

42. Urano en Casa 7 trae relaciones basadas en la libertad, pero la libertad no es algo absoluto, sino que depende del contexto y la época en la que vive la persona. Puede enamorarse de personas que son muy impredecibles y erráticas en sus comportamientos, como una forma proyectada de vivir esa libertad.

43. En esta posición, la persona sabe que nada ni nadie le pertenece por completo. También que aquello que valora será disruptivo o chocante para los demás. Esta posición puede ganar dinero de manera independiente, haciendo cosas que sean novedosas o disruptivas para el orden social reinante.

»En el plano sentimental, por primera vez en mucho tiempo, estoy bien con mi pareja tras superar muchas idas y vueltas. Conocí a Nacho cuando estaba terminando una relación bastante difícil. Él apareció con su sonrisa, su alegría y su infinita buena onda. Ser su novia me recordó que la vida en pareja puede ser algo hermoso y no solo una locura. Esa simpatía tan particular de su personalidad lo hace muy seductor. Es amigo de medio mundo. Caminar con él por nuestro barrio es el equivalente a estar con una estrella local. Todos lo saludan. Todos. Creo que eso mismo que tanto me gustaba de él, también me daba inseguridad. Y sí, más de una vez descubrí que había tenido historias con otras mujeres. Me indigné, pero lo amaba tanto que la relación siguió adelante. No acepté ese hecho con sumisión, con el tiempo llegué a comprender que no era tan grave.

»Después de unos años y algunas separaciones en el medio, nos estabilizamos y aunque yo tomaba pastillas anticonceptivas, me quedé embarazada. Siempre fui un poco colgada y me olvidé de tomar las pastillas varias veces en un mes..., y ahí llegó la niña. El embarazo generó una revolución hormonal en mí. Por momentos sentí que iba a enloquecer, no solo por el embarazo, que había llegado sin aviso, sino porque en paralelo empecé una historia con un alumno al que le daba clases en la academia. Las clases eran particulares y nos encontrábamos dos veces por semana en el aula. Siempre habíamos tenido buen rollo y mucha conexión intelectual. Rodrigo, el alumno en cuestión, era dos años más joven que yo. Viajaba mucho por trabajo y cada vez que volvía de uno de sus viajes venía con regalos. Chocolates y perfumes. Recuerdo que para el Día del Profesor apareció en clase con un ramo de flores y, más allá de estos gestos, nunca había pasado nada. Hasta que le dije que estaba embarazada. Vino y me abrazó. Me tocó la panza. Se emocionó y no sé bien cómo fue la situación, pero me dio un beso. Terminamos teniendo sexo en el aula. Así. Ese fue el comienzo de nuestra historia.

»Las clases de francés siguieron su curso normal, excepto por las interrupciones de sus viajes de trabajo. Terminábamos cada clase teniendo sexo sobre un pupitre. Solo algunas veces nos vimos fuera del marco de las clases: en un hotel, en su coche o en su casa. Pero la verdad es que la mayoría de los encuentros eran en el contexto educativo, por decirlo de algún modo. El detalle es que así como mi embarazo y mi relación con Nacho seguían avanzando, también lo hacía la relación de pareja de diez años en la que estaba Rodrigo. Ni él ni yo estábamos solteros, y ninguno estaba dispuesto a dejar su vida habitual. Lo que nos mantenía juntos era la conexión mental, las charlas superinteresantes que teníamos en el marco de las clases de francés y, por supuesto, lo divertido que era terminar cada clase teniendo sexo. Todo sucedía en el marco de la academia. Mi barriga continuaba creciendo. Siempre estuve segura de que quería seguir adelante con las dos relaciones: una por diversión y otra para construir una familia. Cuando parí, dejé de dar clases. Me tomé una baja por maternidad y eso implicó un distanciamiento con Rodrigo.

»Creo que no estaba preparada para ser madre. Amaba mucho a la niña, pero una parte de mí estaba desconectada de la maternidad. De hecho, no pude darle la teta por mucho tiempo. Tuve mastitis y decidí que lo mejor era no insistir con la lactancia. Al cabo de un tiempo volví al trabajo y a dar clases, también a Rodrigo. Volvieron también los encuentros sexuales, pero esta vez algo había cambiado. No sé si quería fugarme de la situación familiar y las presiones de la maternidad, si me enamoré de Rodrigo y me cansé de Nacho, pero quería estar solamente con Rodrigo. Él no sentía lo mismo y la relación terminó. Después de hacer un duelo en secreto, decidí apostar a mi relación con Nacho. Y acá estamos, pensando en tener un segundo hijo.»

Valentina

La historia de Valentina responde a una de las formas de comportamiento de Venus en Acuario. Este signo trae imprevistos, situaciones poco comunes y una necesidad muy grande de tener relaciones basadas en la libertad. Y como no existe tal cosa, una definición de libertad que sea absoluta y universal, parece que para esta mujer la libertad vino con un amante, mientras estaba embarazada de su pareja. Con Venus en Acuario en su carta natal, era inevitable que en algún momento se topara con este asunto. Antes lo había vivido a través de Nacho: estaba proyectando la Venus que necesitaba libertad en su pareja, pero ahora le tocaba el turno a Valentina.

«Este es el significado más profundo de Venus: aquello que se ama, ya sea una persona, un objeto o un ideal intelectual, como espejo de la propia alma. Ahora bien, si hemos de ser leales a esta dimensión de la psique que la astrología llama Venus, es obvio que tarde o temprano vamos a desviarnos de los valores y la moral colectivos, porque aunque nuestros propios valores pueden adecuarse cómodamente a los del grupo durante la mayor parte del tiempo, por lo general llega un momento en que ya no es así (...). Lo más frecuente es que la colisión tienda a producirse en el campo del matrimonio y de la familia, porque estas personas son, para la mayoría de nosotros, el colectivo inmediato» (L. Greene y H. Sasportas, 1996, p. 93).

Creo que hay pocas situaciones en este mundo que generen un impacto tan profundo a nivel social como una mujer embarazada que tiene sexo con alguien que no es el padre de su bebé. No es que no exista, solo que esa mujer es de una moralidad dudosa según los parámetros sociales tradicionales. La protagonista, además, tiene Luna en cuadratura a Urano y Venus en cuadratura a Plutón. El indicador de familia y maternidad, la Luna, en tensión con uno de los planetas regentes de Acuario que habla sobre la libertad. Por otro lado, el planeta de las relaciones y los valores personales, Venus, está en Acuario y en tensión a Plutón, el planeta de las transformaciones y el que deja en evidencia todo lo que es tabú. Una forma de manifestación de esta combinación astral es la mastitis y la necesidad de cortar la lactancia, además del deseo, no concretado, de romper con su relación de pareja. Por otro lado, esta historia tuvo lugar cuando Valentina estaba en pleno retorno de Saturno, cerca de sus treinta años. Es un momento de la vida que muchas veces nos empuja a barajar y dar de nuevo, habiendo experimentado la necesidad de hacernos cargo de nuestra vida para entrar en la adultez energética, no legal. De este modo, Valentina se ve obligada a elaborar temáticas tan complejas y universales como la infidelidad, el matrimonio, la maternidad y la libertad. Metamos todos estos elementos en una jarra loca y veamos lo que sale: algo parecido a la historia de Valentina.

En el mito de Afrodita, la diosa siempre está provocando adulterios entre los mortales, y muchas veces genera romances entre personajes que no tienen nada que ver entre sí, como Pasífae, que se enamora de un toro y termina procreando al Minotauro. Traducido a la experiencia humana, esto significa que pueden gustarnos personas que resultan inadecuadas para nuestros parámetros «debido a razones de clase, raza, edad, circunstancias económicas o cualquier otro choque con la estructura familiar o social» (L. Greene y H. Sasportas, 1996, p. 93). Valentina no solo se enamoró de un alumno, sino que lo hizo estando embarazada de otro hombre y durante buena parte del romance sostuvo su anhelo de estar con ambos. ¿Qué hubiese pasado si ella le hubiera dicho a su pareja que estaba teniendo un romance? ¿Y si él lo aceptaba y decidían criar a la niña entre los tres? ¿O por qué no entre los cuatro, incluyendo a la pareja de su amante? Estas preguntas no tienen respuesta. Son puras elucubraciones, pero tal vez esta historia en cincuenta o cien años tenga un final completamente distinto.

Acuario es el signo décimo primero, y sigue a Capricornio, un signo de tierra vinculado a las tradiciones, la figura del padre y lo que debe hacerse. Acuario es un signo de aire que nos lleva más allá de lo conocido. Su búsqueda se dirige a lo original, disruptivo, auténtico e innovador, pero también puede ser rígido y perfeccionista. Es que Acuario está regido por Urano, el libertario, y Saturno, el tradicionalista. Entonces, Venus en Acuario parece responder a varios arquetipos a la vez, siguiendo el panteón de las diosas del Olimpo. Por un lado, tiene la necesidad de conectar intelectualmente con los demás. En ese sentido, tiene rasgos de Atenea, la diosa vinculada al poder de la mente. Como he mencionado en el capítulo anterior, Atenea es una diosa virgen, no porque sea casta, sino porque su esencia es profundamente libre y no se entrega a nadie por completo. Se pertenece a sí misma. Y tiene algo de Artemisa, el arquetipo de la mujer feminista, según Bolen. También es una diosa virgen, en el mismo sentido que Atenea. Son mujeres que son completas en sí mismas. Además, Artemisa es la diosa guardiana de los bosques y de otras mujeres. Está siempre rodeada de las ninfas.

Venus en Acuario, siguiendo la lógica de este signo, es defensora de las causas vinculadas a la libertad de las mujeres sobre su cuerpo y su sexualidad. Aquí es donde aparece la carta La Estrella del tarot, que si bien puede implicar cierto narcisismo e individualismo en la conducta, también habla de la necesidad de encontrarse con los pares, con las otras ninfas del bosque. Además, esta Venus tiene rasgos de Afrodita. Según Jean Shinoda Bolen, las mujeres que tienen este arquetipo fuerte en su psiquis son las más propensas a meterse en problemas: «Afrodita es una diosa amoral para las normas convencionales» (L. Greene y H. Sasportas, 1996, p. 94). En este sentido, ellas siguen de un modo indiscriminado sus deseos de romance. De hecho, Afrodita es la madre de Eros, Cupido para los romanos, ese personaje que según la mitología anda tirando sus flechas por todos lados, sin chances de que podamos detener el subidón que produce el enamoramiento. Como si todo esto fuera poco, celebramos el Día de los Enamorados en plena temporada acuariana.

En inglés, *enamorarse* se dice *to fall in love*. Literalmente podríamos traducir como «caer en el amor». Esta imagen tiene la impronta de Cupido: una flecha llega repentinamente y cambia nuestra vida por completo. El amor es, bajo este lente, errático e impredecible. Pareciera ser que la historia de Valentina y Rodrigo no tenía más fin que ese vivir el momento y permitirle a Valentina descubrir una escala de valores más profunda y auténtica. Es decir, las implicaciones de la libertad en una relación y también la posibilidad de preguntarse si estaba con Nacho por obligación o por deseo propio. Como es habitual en estas situaciones, Valentina relativizó sus juicios morales cuando se vio envuelta en unas circunstancias similares a las de Nacho, algo que en su momento le había producido enojo y dolor. Por eso, hay algo de la carta La Torre en esta Venus. Un rayo que cae sobre la Torre y libera la estructura cristalizada, o sea, las viejas y anticuadas ideas sobre cómo debería ser una relación. Cuando sucede, el episodio es incómodo y disruptivo, pero con el tiempo y sobre todo, viéndolo en retrospectiva, el proceso resulta enriquecedor.

Venus en Acuario representa ese nivel del amor que nos lleva a cometer locuras, escaparnos del sentido común, de la racionalidad, de lo socialmente admitido. Dicen que el sentido común es el menos común de los sentidos. Acuario es el exponente máximo de esta visión.

También tiene algo de El Loco del tarot, ese personaje que no tiene ni futuro ni pasado y anda errático por la vida. Se marcha cuando quiere, regresa cuando le apetece. Si somos capaces de vivir con estos niveles de incertidumbre sobre nuestros valores y nuestros vínculos, estaremos bien, pero lo más probable es que la mayor parte del tiempo sintamos que no hay suelo bajo nuestros pies ni un norte hacia el que ir.

De todas maneras, este signo es complejo, porque además de estar regido por Urano, el planeta de la libertad, la revolución y los cambios, también está regido por Saturno, el planeta del deber ser, las tradiciones, la moral y las buenas costumbres. Es por eso que Venus en Acuario puede pasar de tener una historia como la de Valentina y Rodrigo, a focalizarse en su familia de un modo completamente renovado. En este sentido, creo que aparece la verdadera libertad acuariana. Elegir lo que se quiere, en el momento que se quiere, con quien se quiere. Tiene la posibilidad de permanecer en relaciones duraderas siempre y cuando tenga la certeza interna de que las puertas están abiertas. El riesgo es, como en la carta La Estrella, que aparezca un excesivo individualismo bajo la forma de «ahora quiero, ahora no». Esta intermitencia en los vínculos, este conectarse y desconectarse, es bastante caprichoso.

El mayor tesoro de esta Venus es «la evidencia de que el propósito de la vida se descubre con otros, en red y en relaciones que, lejos de confrontar o destruir, activan lo más creativo en nosotros» (B. Leveratto y A. Lodi, 2016, p. 292). Por eso, más allá de lo que suceda en el terreno de la pareja, creo que esta Venus necesita abrirse a otros vínculos, sobre todo de amistad. No me refiero a los amigos de toda la vida, sino más bien a personas con las que sienta un grado de afinidad muy alto, donde no haya una historia compartida o un lazo familiar, sino la sensación de estar hermanados por el cosmos. Como cuando decimos: «Nos conocemos de hace poco, pero siento que te conozco de toda la vida». Es importante que este amor fraternal promueva la apertura y la liberación, que no cierre ninguna puerta. Esto significa que el vínculo de amistad puede estar en la base de una potencial relación de pareja. Muy similar a Venus en Géminis, una relación puede empezar como amistad y luego convertirse en algo más, o al revés también.

Si sentimos que el amor nace de múltiples fuentes y que la vida tiene su propia dinámica, el miedo a lo desconocido se irá desvaneciendo progresivamente. Porque *nadie es de nadie*, no porque la emocionalidad *cool* lo decreta, sino porque hay sobradas pruebas de que la vida tiene su propia lógica y manera de circular, así como la mujer de La Estrella que está haciendo circular las aguas, o sea, la energía.

Esta Venus puede encontrar placer en temas como estudiar astrología, dedicándose a la tecnología, trabajando en redes sociales o armando alguna movida colectiva. Esta Venus, al igual que Venus en Géminis, tiene una gran creatividad e inventiva. Y voy a insistir en la importancia de lo colectivo (las amistades y los grupos) y la salida del sistema centrado en la vida en pareja en el que vivimos.

VENUS en PISCIS

12

VENUS EN PISCIS

Analogías con:
Venus en aspecto a Neptuno[44]
Venus en Casa 12[45]
Neptuno en Casa 7[46]
Neptuno en Casa 2[47]

---

44. Neptuno es el regente moderno de Piscis.

45. La Casa 12 es una de las más complejas de la carta natal y los temas que incluye son: vidas pasadas, información que viene de los ancestros, memorias prenatales, los arquetipos del inconsciente colectivo, los hospitales, las cárceles, los templos y el aislamiento. Si Venus está en esta casa, es fundamental indagar en las problemáticas que se heredan de generación en generación, en las experiencias de nuestra madre biológica durante nuestra gestación que puedan estar afectándonos ahora, en los procesos que estén sucediendo a nivel colectivo relacionados con lo venusino (belleza, sexualidad, pareja, autoestima). Para ello, la persona necesitará muchas veces aislarse del mundo para conectarse con las profundidades de sí misma.

46. En esta posición existe un grado de idealización muy alta de la pareja. El otro es alguien misterioso, confuso, evasivo, pero la relación trae momentos mágicos y místicos de romanticismo. El aprendizaje aquí es aprender de las propias idealizaciones y autoengaños sobre las intenciones del otro, y sobre la necesidad de salvar al otro.

47. En esta posición, la persona confía en que «Dios proveerá» aquello que se necesite, cree que hay una voluntad mayor que la del individuo y que solo queda rendirse ante la evidencia. Corre el riesgo de ser engañada y traicionada en cuestiones monetarias si no toma los recaudos necesarios.

AMARLO TODO

«Llegué a Buenos Aires tras terminar el bachillerato. Vengo de una familia hipercatólica y para mí era evidente que iba a ser monja. Por eso me trasladé a esta ciudad. Siempre he disfrutado mucho de mis momentos de silencio, de estar conmigo misma. Crecí rodeada de naturaleza: es una realidad para mí que los árboles, las plantas, las piedras y los animales tienen un espíritu. Siento la vida alrededor mío. Es una realidad tangible, no un cuento.

»Ingresé en una congregación porque ese espacio me daba la posibilidad de estudiar e investigar un montón de cuestiones que me habían interesado siempre. Pasábamos muchas horas al día en silencio y rezando. También hacíamos trabajo social. Aunque tenía dieciocho años, nunca pensé que me estuviese perdiendo nada en el terreno romántico. Tenía la certeza de que mi unión era con Jesús y con María. Suena trillado, pero en ese momento yo lo vivía de ese modo. Era feliz con esa forma de vida, rodeada de otras monjas y compartiendo mi vida.

»Pasaron unos años sin grandes movimientos externos. Las cosas fueron sucediendo en mi interior. Cuando cumplí veinticuatro años algo dentro de mí se movió muy fuerte. No sé bien qué pasó, pero me sentía triste y angustiada. Dejé la congregación y comencé una nueva vida: tenía un trabajo, un piso y cursaba en la universidad la carrera de Trabajo Social. En la facultad conocí a Rocío, que sabía leer el tarot. Ese fue el inicio de nuestra relación. Primero fue un intercambio más místico, por decirlo de alguna manera. El tiempo que había pasado dentro de la congregación, lejos de asustarla o llenarla de prejuicios, hizo que nuestra conexión fuese muy potente. Ella tenía una información esotérica que era increíble para mí, y aunque parezca extraño no me resultaba para nada ajena. Era natural que después de un par de encuentros con tiradas de cartas y conversaciones hasta las tres de la madrugada, empezara a nacer entre nosotros una conexión más fuerte aún.

»Nos enamoramos y empezamos a estar juntas. Fue una relación maravillosa que duró tres años. Tenía una peculiaridad: era prácticamente secreta, siempre de puertas para adentro. Había empezado de un modo misterioso y terminó del mismo modo. Sin razón aparente, nos empezamos a distanciar. Yo había terminado la carrera de Trabajo Social y deseaba ir a México a formarme en medicina ancestral con una chamana. Y me marché. Nos despedimos y dimos por cerrado un capítulo, aunque aún sueño con ella y la siento cerca. Me regala mensajes en sueños, me dice cosas. Una parte de mí ya la olvidó por completo, pero parece que aún está presente en otros planos.»

Alejandra

La astrología tradicional dice que el planeta Venus en Piscis está exaltado. Esto quiere decir que el signo de los peces lleva las características de la función venusina a la máxima expresión. Venus es el planeta que nos lleva a abrirnos al otro.

Piscis es el último signo del zodíaco. Su elemento es el agua. Una imagen bastante representativa de este signo podría ser el océano, ese espacio del planeta Tierra donde parece haber misterios insondables, tesoros ocultos y sirenas seductoras. No sabemos dónde empieza y dónde termina ese caudal de agua, que es también el lugar donde confluyen todos los ríos y el espacio de la Tierra que nos une a todos. Por convención decimos: «Este es el océano Pacífico y este es el Atlántico», pero la realidad es que todas esas aguas están unidas. Entonces es fácil deducir que la apertura venusina se extiende hasta el infinito.

Piscis es el signo asociado al cristianismo. La Era de Piscis comenzó con el nacimiento de Jesús y este signo parece encarnar muchas de las enseñanzas y mensajes de esta religión: la compasión, el perdón, el sacrificio, la entrega, el poner la otra mejilla y el amor incondicional. Es que con Venus en Piscis entramos en el terreno del amor espiritual, o eso que, como recuerda Joseph Campbell en *El poder del mito*, fue llamado *ágape*, es decir, el amor al prójimo sin importar quién sea ese prójimo. Este amor es distinto al que está vinculado a la descarga sexual y genital. Es un tipo de amor que además funciona como puente o una forma de acceder a algo mayor. De hecho, podríamos decir que el amor es la experiencia espiritual más elevada en la Tierra.

En este relato vemos reflejadas buena parte de las características de Venus en Piscis. En primer lugar, observamos el componente místico y religioso en Alejandra, una monja. En segundo lugar, cuando abandona la congregación y se enamora de Rocío, la conexión entre ellas sucede en un plano superior. Por último, el final de la relación que tiene algo de incierto: el viaje de Alejandra parece poner fin a este vínculo, pero la conexión sigue en un nivel más sutil.

Venus en Piscis, como la protagonista de esta historia, tiene altísimos niveles de apertura a lo que podríamos llamar *el mundo invisible*. Por eso se la puede relacionar con la carta de La Luna del tarot de Marsella. Esta carta nos lleva a viajar hacia el pasado y a revisar, si es necesario, cuáles fueron las historias de nuestro linaje femenino, no solo de nuestro árbol, sino de la humanidad como terreno colectivo. Esto puede sonar amplio e inabarcable, pero una forma de acceder a esta información es a través de los arquetipos y la mitología de las distintas culturas, o bien de lenguajes simbólicos como el tarot. Allí se hacen evidentes los hechizos que producen un sufrimiento desmedido e innecesario y que tal vez no están conectados con lo que está sucediendo ahora mismo, ni tampoco tienen asidero en la realidad, por eso los llamamos hechizos (B. Leveratto y A. Lodi, 2016, p. 308). Con Piscis es como si todos los tiempos estuvieran transcurriendo simultáneamente.

Si crees en la reencarnación y tienes Venus en Piscis o alguno de los otros indicadores asociados, es muy probable que sientas que hay muchas de las situaciones que estás viviendo que ya las experimentaste, como si fuese un *déjà vu* o la repetición de una pauta kármica. Pero el hecho de que tengas una relación con alguien que ya conociste en una o en mil encarnaciones no quiere decir que la relación vaya a ser para mutuo crecimiento y desarrollo en esta encarnación. Tal vez lo que tienes que aprender en esta encarnación es a cortar la inercia, como en la película *El día de la marmota*, donde el protagonista vive una y otra vez el mismo día hasta que hace algo completamente diferente y logra salir de ese rulo de tiempo y las experiencias repetitivas. Como en los videojuegos, donde no puedes pasar de pantalla a menos que descubras el truco.

La carta del tarot La Luna también habla de la necesidad de retirarse por completo del mundo y encontrar las respuestas en lo más profundo de nuestro ser. El mundo externo se percibe de manera oscura y pesimista, y lo único que queda es replegarse en uno mismo. Es muy importante saber que lo que se está percibiendo es la herencia familiar y social. Como es información que no ha pasado por la consciencia, nos tiene hechizados. Esto quiere decir que estamos bajo su influencia, pero no lo sabemos ni lo registramos hasta que descendemos en nuestras profundidades y tomamos consciencia de esos patrones.

Con La Luna también hay un grado de sensibilidad y vulnerabilidad muy alto, que es necesario aprender a preservar y canalizar, por ejemplo, a través del arte, de los lenguajes sagrados, de los símbolos, del trabajo social y de la espiritualidad. Esto es muy evidente en el relato de Alejandra: se expresa en su conexión con la naturaleza, en la importancia del plano espiritual y en un romance que trasciende lo terrenal, pero en donde está presente también el servicio a los demás.

Venus en Piscis puede ser muy soñadora y llenarse con facilidad de ilusiones sobre la persona amada. Rápidamente es capaz de montarse una película con el otro, algo que es posible que no suceda nunca. Es seductora y le gusta ser seducida, pero se deja engañar fácilmente.

Se enamora de cada persona que ve. Todas le parecen hermosas o tienen algo atractivo. De hecho, a esta Venus le gusta ese tipo de personas que nos capturan con su encanto una vez que nos acercamos a ellas, pero que no responden a los cánones hegemónicos de belleza. En este sentido, creo que Venus en Piscis es muy Afrodita, la diosa que eligió a Hefesto por marido, un personaje que la mitología describe como feo y desagradable. Está claro que ella reconocía en él una belleza que el resto era incapaz de percibir. Esto es algo muy habitual en la etapa del enamoramiento: parece que estamos borrachos y drogados de amor y que vemos al otro muchísimo más hermoso que el resto de las personas según el modelo de belleza dominante. Para Piscis, en cualquier caso, no existe un modelo canónico. Este signo se maneja con el criterio hindú de que todo es *maya*, es decir, todo es una ilusión. ¿Quién establece, entonces, qué es la belleza? Es interesante mencionar que esta Venus tiene una tendencia a enamorarse o quedarse embelesada fácilmente porque le produce una sensación similar a las de algunas sustancias narcóticas. Cada romance —real o imaginario— es una forma de tener un subidón. Lo que está detrás de esta necesidad de estar «más arriba» o colocada es un agujero existencial que ninguna persona podrá llenar. Solo lo logrará a través de un contacto íntimo y profundo consigo misma primero, y tal vez a través del arte, la meditación y la naturaleza, y luego a través de los demás.

Venus en Piscis es una gran exponente de cómo vivimos el enamoramiento los seres humanos. Joan Garriga dice: «la mayoría de las veces, enamorarse significa "me mueves mucho, pero te veo poco" (es decir, veo poco lo que en realidad eres, y veo mucho lo que en realidad deseo ver). Dicho más claro: en el enamoramiento no vemos a la otra persona tal como es, sino como anhelamos y esperamos que sea» (J. Garriga, 2013, p. 37). Y como nunca nos enamoramos de la persona real, sino de nuestro ideal, cuando el otro se hace verdadero, entonces viene la desilusión y el golpe. Tal vez por eso vamos «drogándonos» con distintas personas, pasamos de un romance a otro como quien busca estar siempre puesto. No estoy diciendo que tengamos que conformarnos con una relación que no camina, tampoco estoy diciendo que la única forma válida sea la relación monógama y para toda la vida, sino que lo que buscamos es el hechizo, no la conexión verdadera. Dando incluso un paso más allá, diría que en nuestra cultura somos adictas a la droga del amor romántico porque tenemos un agujero existencial muy grande. ¿De dónde viene este agujero? Creo que de la desconexión con lo divino.

Afrodita, además de estar casada con Hefesto, tenía múltiples romances por fuera de esa relación. Esto también es característico de Venus en Piscis, aunque muchos de estos amoríos no llegan a concretarse y quedan en el terreno de la imaginación. Su talento, que constituye también su problema, es que ve el potencial de la persona amada y hace todo lo que está a su alcance para que esa persona lo desarrolle, pero es muy probable que esa persona no vea lo mismo que ella y que no tenga ganas de ir en esa dirección. En los libros de astrología antigua, Piscis es un signo que está asociado a los mecanismos de evasión y fuga, y al uso de sustancias para alcanzar este fin. Por eso, quien tiene a Venus en este signo puede enamorarse de personas que buscan evadirse, o bien puede usar el romance y el enamoramiento como una forma de ponerle color a la vida.

Venus en Piscis puede oficiar también como rescatista y salvadora de la persona amada. Pero esto tiene un límite muy concreto: la voluntad del otro. Si obligamos a un adicto a que se rehabilite, las probabilidades de que fracasemos son altas, porque no nace de un impulso propio, sino del deseo o la necesidad de otra persona. Esto puede aplicarse no solo a las adicciones, sino a crisis vocacionales, laborales o profesionales, situaciones familiares complejas, etcétera. El problema de esta Venus es que ve el potencial, pero no la realidad de lo que la persona está dispuesta hacer, y en esa quimera se le va la vida. Esta cualidad es bastante común a las Venus de agua (Cáncer, Escorpio y Piscis).

Esta Venus tiene alma de rescatista y disfruta de estar al servicio de la persona amada, con las consecuencias que conlleva esto: perderse en el otro y ser incapaz de atender las propias necesidades. Cuando se quiere dar cuenta, ya está completamente drenada y agotada. El problema es, en primer lugar, haber volcado toda su energía a que el otro se desarrolle sin verlo realmente y sin registrar qué es lo que le está pasando. Venus en Piscis, al igual que las otras Venus de agua, puede pasar algunas temporadas desconectada del mundo externo como una forma de volver a conectarse consigo misma. Esto nos da pie a establecer una conexión con la diosa griega Hestia, mencionada en el libro de Jean Shinoda Bolen. Es una deidad bastante desconocida, pero tiene un rol fundamental: es la encargada de mantener vivo el fuego de los templos y de las casas. Metafóricamente, esta diosa necesita desarrollar la conexión con su mundo interno, su lado espiritual, sensible y artístico, como forma de encauzar esa imaginación tan fuerte.

La imaginación de Venus en Piscis la lleva a soñar con personas que no están disponibles, a tener romances platónicos o a ser víctima de las películas que se monta sobre los otros, sin ningún asidero en la realidad. Tiene tendencia a la melancolía, a seguir sintiendo a esa persona especial que parece encarnar los principios del amor, en mayúsculas, aunque esa persona ya se haya ido o incluso nunca haya estado. Alejandra, la protagonista de esta historia, sostiene la conexión con Rocío más allá del plano físico. Además, pasó de ser monja y vivir la dimensión espiritual del amor a graduarse como Trabajadora Social y estudiar medicina de las plantas. Hoy trabaja con mujeres que han sido víctimas de abusos y violaciones, les enseña sobre su cuerpo, la menstruación y las implicaciones energéticas de la sexualidad. Alejandra comprende lo que otras personas experimentan por su gran empatía pisciana, pero también porque este signo, que es el último del zodíaco, es el recipiente de todas las historias y todos los relatos posibles de la humanidad. Aunque no haya experimentado lo que quienes acuden a su consulta han vivido, en algún lugar inconsciente de su ser, sabe lo que se siente.

Piscis es el signo que habla del inconsciente colectivo, y es por esto que Alejandra tiene la capacidad de sentir y comprender más allá de la razón y de la propia experiencia. Si son vivencias que forman parte del bagaje humano, no necesita haberlas pasado por su propio cuerpo, porque tiene acceso a una suerte de Aleph[48] que contiene todas las

48. El Aleph es la primera letra del alfabeto hebreo, que tiene un simbolismo fundamental en la cábala, pero su fama se debe a un cuento de Borges que lleva ese nombre. El Aleph del cuento es un punto del espacio que contiene todos los puntos, es el lugar donde están sin confundirse todos los lugares vistos desde todos los ángulos, un microcosmos que devela todos los ángulos de la existencia.

experiencias posibles. Además, Alejandra tiene un componente uraniano y plutoniano importante, lo que implica que es una persona que suele protagonizar grandes giros y transformaciones rotundas en su vida. Acompañar a las mujeres en procesos de sanación no responde únicamente a la cualidad pisciana de estar al servicio de los demás, sino que sucede, además, gracias a la fortaleza plutoniana que le permite hacerlo. Vemos, además, su intención de cambiar la configuración mental de sus consultantes, lo que nos revela que Urano está operando. Piscis le da dulzura, compasión y empatía en niveles excepcionales.

Tanto para el caso de Alejandra como para el resto de las Venus en Piscis, hay que prestar atención a los procesos colectivos en relación a los vínculos, las múltiples formas de amar y el desarmado de lo que llamamos el «amor romántico». Es decir, la forma de vincularnos basada en el dramatismo y la fantasía. ¿Cómo amamos al otro cuando se hace real, verdadero, y nos damos cuenta de que no va a satisfacer nuestras expectativas? Este es el desafío más grande para esta Venus, y también donde está su tesoro: la capacidad de amar al otro tal y como es, no cómo le gustaría que fuera, pero sin dejarse pasar por encima o sacrificarse por el otro.

Esta Venus puede ser una mártir, al modo cristiano, por eso es clave que desarrolle grandes niveles de amor hacia sí misma, es decir, que pueda amarse incondicionalmente, con todo lo que es, y luego llevarlo al terreno del «egoísmo sano». O sea, el nivel taurino de Venus, más centrado en ella misma y menos volcado hacia los demás. Concretamente, sería dárselo todo a ella, sin negar el amor por el otro, pero aceptando los límites que la situación le ponga delante. Esta Venus tiene que recordarse constantemente la necesidad de tener espacio para su propio bienestar, ya sea tomando clases de música, pintando, viendo películas, practicando yoga, meditando o haciendo sus rituales. Cuando fortalezca su capacidad de no perderse en los demás, puede desarrollar actividades que impliquen una conexión con lo social y colectivo, que le van a llenar el alma. El anhelo más profundo de esta Venus es que el amor tenga cualidades trascendentales, que sobrepase los límites del yo y de lo humano, y que sea un amor por todo lo que existe.

13

TRES HISTORIAS PARA VENUS EN ASPECTO A PLUTÓN, URANO Y NEPTUNO

Plutón, Urano y Neptuno entran dentro de la categoría de planetas *transpersonales*, que son aquellos en donde se va más allá del nivel personal o individual. Estos planetas conectan directamente con los movimientos que están sucediendo a nivel social, político, cultural y económico, es decir, tienen que ver con las macroestructuras o los órdenes que nos trascienden. Me parece importante aclarar, una vez más, que los planetas no causan nada, sino que hay una coincidencia. Eso que Jung llamó *sincronicidad*.

Venus es el planeta que habla de la apertura a un otro, de aquello que valoramos y de las bases de nuestra autoestima. Cuando está en contacto con los tres planetas más alejados de la Tierra, esa apertura necesita extenderse aún más. Los planetas de los que nos ocupamos ahora fueron descubiertos hace relativamente poco tiempo y sus apariciones fueron sincrónicas[49] con grandes eventos que sucedieron a nivel global.

---

49. Hablamos de sincronía cuando dos eventos o fenómenos suceden en simultáneo o con poca diferencia temporal, y cuyo significado está conectado simbólicamente.

Las tres historias que presento a continuación representan el espíritu de nuestra época, los debates que tenemos, las preguntas que nos hacemos. Los planetas transpersonales, además de tener un componente místico y esotérico muy profundo, son los que nos conectan con las dinámicas y las fuerzas que atraviesan a nuestra sociedad.

Plutón fue descubierto hacia 1930 y su reconocimiento fue sincrónico con la crisis económica mundial del capitalismo. Esta crisis dejó en evidencia que aquello que sucedía en la bolsa no se correspondía con la producción material. Es decir, era pura especulación financiera y, de este modo, quedó expuesto lo ficticio del sistema. Entonces, si Venus y Plutón están conectados, podemos imaginar cómo impactará en nuestra autoestima, valores o las personas que nos atraen: las relaciones serán explosivas, intensas y dejarán al descubierto todo lo que sea secreto. Es probable que muchos rechacen aquello que nosotros valoramos, porque vamos a apreciar algo que al resto le pone los pelos de punta. Está claro que nuestro mundo prefiere prohibir, abolir y ocultar aquello que no entiende.

La historia de María Riot, que tiene Venus en aspecto a Plutón, es un buen ejemplo de lo que esa posición significa. María tiene en su carta natal al Sol en Virgo y el ascendente en Libra. El regente de su carta es Venus y está en Leo, en la casa 11 y en cuadratura con Plutón. Ella ejemplifica con claridad lo que en la Antigüedad se creía acerca de las vírgenes, palabra de la cual deriva Virgo.

Como hemos visto en capítulos anteriores, una virgen era una meretriz, ni célibe ni casta. No estaba dedicada a la vida familiar y doméstica, por eso permanecía pura para sí misma.

María es trabajadora sexual y militante por los derechos de las trabajadoras sexuales. Ahí está su casa 11.[50] Ella se autodenomina *puta feminista*.

La Venus de María está en Leo, una posición que busca la exposición y la mirada de todos. Además de ser prostituta, es actriz porno. María dice que cuando está trabajando —ya sea durante un encuentro íntimo o durante el rodaje de una película—, está haciendo una *performance*, donde también puede haber placer. Pero hay una diferencia fundamental entre el sexo que practica en su vida personal y en su vida laboral. En el primer caso, hay deseo. En el segundo, hay dinero. Sin embargo, esto no quiere decir que ella no pueda disfrutar de su trabajo o lo que este le da. Venus, como regente de Tauro, también habla de una actividad con la que podemos ganar dinero y, además, disfrutarlo. María dice que esto suele chocar con la idea de que las prostitutas solo trabajan por necesidad y que necesitan ser rescatadas. Pero ¿quién no trabaja por necesidad? La verdad es que hay una variedad muy grande de personas que se dedican al trabajo sexual. El asunto es complejo y creo que lo más interesante de lo que María pone sobre la mesa es que ella considera que su trabajo como prostituta y como actriz porno son dos formas de militancia que buscan abrir el juego sobre otro modo de vivir la sexualidad, más allá del modelo tradicional de «las mujeres están bien en su casa, cuidando a sus hijos, o trabajando». De hecho, las películas porno en las que ella participa como actriz

---

50. La Casa 11 es el área de la carta natal que habla de los vínculos grupales, pero con nuestros pares, es decir, en un formato horizontal, no jerárquico. Esta casa habla de las relaciones con personas con las que tenemos afinidad ideológica, intelectual o mental, más allá de nuestra procedencia familiar. Por ejemplo, AMMAR, la Asociación de Mujeres Meretrices de Argentina, organización a la que pertenece María Riot.

tampoco responden a los paradigmas hegemónicos de este tipo de cine, incluyen otros cuerpos y otros estilos que no aparece en las películas porno *mainstream*: mujeres y hombres trans, estética sado, tatuajes, *piercings*...

Cuando era adolescente, María sentía que su forma de vivir la sexualidad no encajaba con lo que se esperaba para las mujeres de su edad, a quienes veía como muy cerradas o conservadoras. Siempre se sintió más cómoda hablando y compartiendo con hombres gays. Su recorrido empezó con las *webcams* y después pasó a los encuentros íntimos con clientes. Será por eso que la acusan de haberse hecho prostituta por capricho, porque simplemente tenía ganas o porque era una chica rica aburrida. La realidad es que María pertenece a una familia de clase media trabajadora. Pero si es prostituta porque quiere y no por necesidad, ¿por qué no puede tener derechos? Es cierto que ella hace este trabajo por elección, a diferencia del colectivo trans, que es relegado y para el que la prostitución es casi la única opción. Ser trabajadora sexual implica que no hay violación ni esclavitud.

El tema de la prostitución y el porno genera un debate muy fuerte dentro del feminismo. La discusión gira en torno a si estas prácticas colaboran con la reproducción del sistema patriarcal o son una forma de emancipación. Personalmente, no lo tengo muy claro, pero sí sé que no soy quién para decirles a otras mujeres qué es lo que tienen que hacer, cómo tienen que vivir su sexualidad o de qué tienen que trabajar. También tengo muy en claro que siempre que algo se legaliza, caen los negociados. Despenalizar o incluso legalizar la prostitución permitiría desmantelar la trata de personas, que sí me parece un problema muy serio. Por otro lado, la prostitución conlleva un planteamiento interesante: nuestro mundo usa el sexo como moneda de intercambio, ¿o acaso no usamos la sonrisa y la seducción para conseguir cosas? Cosas como una mesa en un bar lleno de gente, poder llegar más tarde al trabajo o un ascenso. También hay mujeres que se casan con hombres solo por su dinero y su estatus social. Esto está vinculado también a las dificultades que tenemos las mujeres para ser consideradas ciudadanas con los mismos derechos, con capacidad para desarrollarnos en el ámbito profesional y para tener nuestra independencia económica. Entonces nos vemos obligadas mantener vínculos por conveniencia. Con las prostitutas el asunto está claro: sexo a cambio de dinero.

Plutón es el planeta que rompe los tabúes y deja en evidencia lo que siempre se mantuvo en secreto. María lo juega a fondo. En su página web explica cómo son sus servicios de manera muy explícita: el sexo es siempre con protección; no practica sexo anal; el sexo oral es siempre con preservativo; y los servicios son para toda aquella persona que los solicite, sin importar su identidad de género. Tan es así que hace un tiempo declaró en Twitter que hacía descuentos en sus servicios a lesbianas y trans. Consigue clientes a través de las redes sociales —esto es algo característico de Casa 11—, un medio que conoce bien y al que le dedica tiempo desde que es adolescente. Al momento de escribir estas líneas no está en pareja, tal vez porque tuvo una experiencia con una persona muy celosa y ahora prefiere tener sexo casual cuando lo desea. Y la verdad es que lo piensa bien antes de hacerlo, tiene que sentir muchas ganas, según le confiesa a la periodista Tamara Tenenbaum en una entrevista para *La Agenda Revista*: «Cuando era joven y no ejercía el trabajo sexual por ahí terminaba estando con alguien porque sí, sin saber cómo había llegado ahí, en relaciones que no disfrutaba ni siquiera en el momento. Ahora que soy puta, lo pienso mucho más. Lo valoro más».[51] Aquí aparece su Venus en aspecto a Plutón, que controla con quién y cuándo va a dejar salir toda esa intensidad y esa vitalidad.

Urano es un planeta que fue descubierto en 1781. Es el planeta de la libertad, la revolución y la innovación. Su descubrimiento fue sincrónico con el estallido de la Independencia de Estados Unidos y la Revolución Francesa. Si Venus está en contacto con Urano, podemos imaginar cómo serán sus relaciones o qué es lo que valorará: la autonomía de movimiento, hacer lo que se quiere cuando se quiere y con quien se quiere. A continuación presento la historia de Carolina como ejemplo.

Carolina tiene al Sol en Libra y a Venus en Sagitario en conjunción a Urano en Casa 5. La astrología tradicional diría que Venus es el dispositor de su Sol, o sea, el planeta que le da la energía, por eso Venus es tan importante en su carta. A su vez, Venus está en una casa solar, es decir, que la Venus de Carolina tiene un lugar destacado en su vida. Ella está en pareja hace diez años y tuvo hace dos años una niña muy hermosa. Diego, su pareja y padre de su hija, nunca creyó en la monogamia. Carolina también tenía algunos reparos, pero todavía recuerda cuando descubrió que Diego tenía una amante. Se puso furiosa y quiso romper la relación, pero siguieron adelante. Diego le dijo que le debía una, que ella se cobró mientras estaba de viaje sola, enrollándose con un viejo amor que se encontró en Playa del Carmen. Pasado un tiempo, Diego y Caro decidieron casarse, pero antes, dijo Carolina en broma,

---

51. http://laagenda.buenosaires.gob.ar/post/158137387605/viva-la-diferencia

tenía la fantasía de tener sexo con un *nerd* famosillo. La figura del *nerd* científico o experto en redes y tecnología es bien uraniana. Le preguntó a Diego si podía darse ese capricho y él dijo que sí. Carolina y el *nerd* terminaron teniendo sexo y pasándoselo genial. Al poco tiempo, Carolina se dio cuenta de que estaba embarazada. La fecha de concepción era cercana a la del encuentro con el *nerd*. Hasta ese momento, a ella le estaba costando quedarse embarazada. Ahora cree que ese encuentro fue una liberación, que algo se soltó dentro de ella, permitiendo que se abriera el espacio para que llegara el bebé. La Casa 5 no solo es la casa de los amantes, sino también de los hijos. Tiene mucho sentido visto en clave astrológica. La niña es de Diego, porque Carolina tomó precauciones cuando tuvo sexo con el *nerd*.

Con el puerperio sobrevino la etapa más miserable que Caro recuerde. Se sentía vacía. Durante casi dos meses no tuvo sexo con Diego; él la reclamaba, pero ella no podía corresponder. Esta situación ayudó a que, lentamente, empezaran a hablar de abrir la pareja. Con dudas, miedos, interrogantes, inquietudes, y sin saber muy bien cómo hacerlo. Una noche fueron a un concierto de Radiohead. Carolina vio cómo Diego hacía masajes a una mujer que estaba delante de él en la fila para comprar unas cervezas. Caro se reprochó hacerse la *cool* en un montón de cosas. Se dio cuenta de que estaba molesta, enojada, y por eso, decidió no decirle nada a su marido. Cuando terminó el recital y aprovechando que la niñera estaba cuidando a la niña, Carolina le propuso a Diego ir a un bar *swinger*. Diego se sorprendió. Le preguntó mil veces si estaba segura. Ella le dijo que sí, que además lo había visto masajeándole la espalda a otra mujer. Él le respondió que estaba loca, que eso nunca había pasado.

Hoy Carolina afirma que vio el cuerpo energético de lo que iba a suceder, como una suerte de holograma, algo bien uraniano.[52]

Se fueron a *swingear*. Al principio estaban tímidos y mirando todo alucinados, pero al rato terminaron besándose con una pareja, cada uno por su lado, pero todos juntos en un mismo rincón del bar. No tuvieron sexo, pero fue el primer paso. A partir de ese momento, establecieron reglas para abrir la relación: estaba permitido encontrarse con otra persona solo una vez, pero no salir con gente conocida, y además se debían comunicar que saldrían con otra persona cada vez que lo hicieran. Se bajaron una aplicación de móvil especial para *swingers*, se hicieron fotos y las intercambiaron con otras parejas, tuvieron sexo en formato *swinger*, hicieron un trío con otro hombre y uno con una prostituta. Carolina tuvo sexo con una examante de Diego y esa examante se terminó enamorando de ella. Diego se puso celoso y le pidió que no siguiera con esa relación. Además de todo esto, Carolina tiene un grupo de amigos con el que se junta a charlar, debatir sobre los últimos eventos políticos, comer y tomarse unos vinos..., y practican sexo todos juntos de vez en cuando.

Sagitario es un signo asociado a la fiesta y al debate ideológico. Muchísimo más si Venus está en este signo.

Carolina asegura que fueron rompiendo todas las reglas que establecieron al principio; que el anhelo de control y los miedos que los llevaron a intentar limitar la experiencia también se fueron disipando por el camino. Ahora siente que está más cerca de su pareja y de su hija, y que en estos momentos está más lejos de enamorarse de otra persona de lo que esta-

---

52. Urano es un planeta que está asociado a la capacidad de ver el futuro, o al menos, un futuro posible y cercano, porque no está escrito.

ba cuando la relación era monógama y cerrada. También siente que su actividad como diseñadora de moda crece y crece a medida que ella disfruta del sexo, y que no puede ser buena madre, emprendedora, amante, compañera y, además de eso, ser la única persona que le guste a su marido. Hay una única regla que sí siguen a rajatabla: el sexo fuera de la pareja es con preservativo sí o sí, pero entre ellos no lo usan.

Carolina está feliz con esta experimentación, se siente expandida, abierta a la vida, creativa y más potente. Además, el sexo y la relación con Diego han mejorado muchísimo desde el inicio de esta experiencia.

Un último detalle sobre esta historia: cuando Caro y Diego dejaron de ser dos con la llegada de su hija, su relación comenzó el proceso de apertura a otras personas. El corazón se abrió para recibir a esa hija y eso mismo generó la apertura sexual y afectiva de la relación.

Neptuno fue descubierto en 1846. Aunque no de manera inmediata, dos años más tarde comenzó la Primavera de los Pueblos, o las Revoluciones de 1848, un movimiento que acabó con la Europa de la Restauración. Ese mismo año Marx y Engels publicaron *El manifiesto comunista*. El proceso revolucionario y el libro de Marx y Engels, que tocó las fibras íntimas de las masas de trabajadores del siglo XIX y XX, tienen algo en común: postulan la necesidad de que todos los seres humanos sean felices. La condición para que esto suceda es terminar con la explotación y el sometimiento de los seres humanos.[53] Uno puede adherir

---

53. La revolución bolchevique fue la primera en despenalizar la homosexualidad, algo que hubiese sido impensable en otras naciones. Pero con Stalin comenzaron las persecuciones.

al socialismo o comunismo tras un proceso de elaboración teórica o por convicción ideológica, pero es muy distinto si lo hacemos porque empatizamos y sentimos una conexión con todo aquel que sufre. Esto es lo que trae Neptuno. Si Venus y Neptuno están en contacto, las barreras con el otro se borran, se siente amor por todos los seres humanos y las relaciones no tienen límites muy concretos.

Cuando escuché, allá por el año 2018, la historia de Maia, quedé profundamente conmovida. La narraré en lenguaje inclusivo, creo que lo merece porque así es como elle se siente cómode. Maia nació con genitales de macho, con el Sol y Venus en Piscis, pero no se siente hombre. También tiene ascendente en Tauro, o sea que Venus tiene una importancia destacada en su vida. Como decíamos al principio de este libro, Venus en Piscis es la regente de su carta natal. Tal vez sea necesario mencionar algunas de las características de este signo: la dulzura, la suavidad, la delicadeza, la conexión con las emociones propias y ajenas, también la permanente sensación de que todo está cambiando y modificándose muchísimo, más allá de la capacidad de control y voluntad individual. Hay algo existencial en Piscis: la impresión de que las cosas en la Tierra son muy duras, que este mundo es muy cruel. Por eso siente que no pertenece a este plano, o que las leyes de lo tridimensional exceden su capacidad de entendimiento. Piscis, por definición, es un signo conectado al mundo de lo invisible y lo inconmensurable, de lo que no puede ser medido, agarrado o encerrado. Como el sexo de los ángeles, que no entra en nuestras categorías binarias. Dentro de este contexto, tiene mucho sentido que Maia no se encuentre cómode con las expectativas sociales sobre lo que significa ser hombre.

Además, teniendo el ascendente en Tauro, su aprendizaje está vinculado al cuerpo, pero lo corporal se manifiesta, en su caso, de una manera muy particular, porque no responde al género asignado al nacer, sino a su transformación en aquello que siente.

Maia tiene hoy veinticuatro años, la edad del retorno de Júpiter, o sea, está en el momento de su vida de replantearse hacia dónde quiere ir, está sintiendo su llamada interior.

Maia trabaja en la ferretería de su padre, un hombre que dice que el militar y dictador argentino Jorge Rafael Videla es un héroe de la patria. Desconoce el proceso por el que está atravesando su hije, por razones obvias. Maia está en un tratamiento hormonal que le hace perder pelo en la cara y en el cuerpo, su voz está suavizándose, su cara se está poniendo más angulosa y, según dice, también sus genitales de macho están perdiendo tamaño a la vez que sus tetas empiezan a crecer. Está en pareja con una mujer desde hace un tiempo porque le gustan las mujeres. Además, disfruta de trabajar con el hierro y siente fascinación por el mundo mítico de los vikingos. El terreno de lo mítico es neptuniano: las imágenes, historias y relatos que están guardados en ese acervo de información ancestral que llamamos inconsciente colectivo. Maia pasa muchísimo tiempo desarrollando su pasión por la herrería y el mundo vikingo, a la vez que busca la forma de dejar el trabajo en la ferretería del padre. Está pensando en irse a vivir con su novia, que le apoya a *full* en su tratamiento y transformación.

Maia dice: «Respeto a les trans que son trabajadores sexuales, pero yo me quiero dedicar a otra cosa. Me gustaría estudiar psicología y así ayudar a otras personas que estén en un proceso como el mío». Y pone sobre la mesa algo que vengo reflexionando hace tiempo: no hay doctores, astrólogues, yoguis, abogades, maestres de escuela o sociólogues que sean trans, no porque no lo deseen, sino porque todavía nos quedan muchos espacios por abrir. Para empezar, las mentes y los corazones, y después el espacio social. Quizá podría hacerse en simultáneo.

Con Piscis y con Neptuno entramos en el terreno del amor a todo lo que existe, incluso cuando no responde a nuestras expectativas o formas preestablecidas. Neptuno es un disolvente de formas y de límites. Como el agua, va erosionando lentamente las superficies más duras. En este caso, lo que Neptuno borra es el límite bien definido y categórico entre ser hombre y mujer. Y no solo me refiero al sexo biológico, sino también a la construcción social que hemos avalado y legitimado culturalmente.

14

ESPEJITO, ESPEJITO

Venus es la regente de la vulva y la vagina y Marte rige al pene. La función psíquica de Venus también nos da información sobre lo que disfrutamos a nivel sexual, el erotismo, la sensualidad y las zonas erógenas de nuestro cuerpo. Este capítulo habla de estas temáticas.

Creo que trabajar con Venus implica aprender a darnos placer a nosotras mismas en un mundo donde la masturbación y el placer de las mujeres despierta risas histéricas, en el mejor de los casos, o censura en el peor. No ocurre lo mismo con los hombres, que hablan todo el tiempo de la masturbación, la practican sin ningún tipo de reparos en reuniones sociales con sus amigos, y luego juegan a la Play como si nada. No digo que tengan que censurarse, simplemente remarco que para ellos es una realidad que sí está naturalizada y para nosotras ha sido un tabú. Lo que sigue a continuación forma parte del conocimiento que fui incorporando a partir de mi práctica de yoga, tantra y bioenergética, y también en los círculos de mujeres y en las miles de charlas con amigas. Como todo lo demás, no pretendo que sea un manual de instrucciones, sino simplemente sugerencias.

Creo que las mujeres y las personas gestantes necesitamos conocer nuestro cuerpo físico. Para eso, puede ser de mucha utilidad usar un espejo para mirarnos e investigar la vulva y la vagina: el clítoris es un órgano cuya única función es darnos placer, no puede ser más venusino. Su estimulación es fundamental para el orgasmo, que hace latir las paredes del útero. Por eso el orgasmo calma los dolores menstruales o premenstruales. Por otra parte, considero importante mencionar que el ideal estético de la barriga plana y dura no solo es demasiado exigente y contrario a la naturaleza del cuerpo, que atraviesa distintos cambios a lo largo del mes, sino que además contrae y tensa las paredes del útero, impidiendo los orgasmos profundos.

En la actualidad existe una cantidad creciente de talleres y círculos de mujeres que difunden información sobre cómo funciona nuestro cuerpo. Es importante sacarle carga al tema y hablar abiertamente de lo que nos pasa, de las dudas e inquietudes que tenemos, porque muchas veces creemos que lo que sentimos es pura y exclusivamente personal, y ese aislamiento nos juega una mala pasada y nos terminamos enroscando aún más. Además, compartiendo rompemos el tabú y se vuelve más liviano.

Además de la dimensión del compartir, hay una parte que necesita ocurrir en soledad, para que luego el encuentro con el otro sea más rico. Y ahora sí me refiero a la masturbación, que está presente desde la infancia —con mayor o menor consciencia—, aunque muchas veces nuestra familia o la escuela la censuren. Al crecer necesitamos seguir dándole un espacio en nuestra vida cotidiana. La masturbación nos ayuda a liberar tensiones de todo tipo: desde el dolor menstrual hasta la tensión mental que no nos deja dormir. La masturbación también nos da un subidón de autoestima; después de todo, es un placer absolutamente personal, que a la vez hace que el encuentro con el otro sea aún más placentero. Insisto en este punto, porque resulta mucho más fácil pedir lo que queremos si sabemos qué queremos y cómo obtenerlo. Puede ser muy obvio, pero lo olvidamos fácilmente.

La masturbación es un momento de intimidad muy potente, que nos lleva al registro interno de cómo estamos y qué sentimos. Es un acto de emancipación porque reconocemos nuestro cuerpo independientemente del contacto con el cuerpo del otro. Somos seres sociales, necesitamos y deseamos a los demás, pero tenemos una existencia individual. Para las mujeres, la creencia de que existimos solamente si hay un otro que nos mira y nos reconoce es muy poderosa, por eso creo en el poder emancipador de la masturbación, como decía antes.

Algunas personas disfrutan de usar sus dedos mojados con saliva, otras usan vaselina o algún tipo de aceite natural, como el de coco, que es mi preferido. Con los dedos adentro de la vagina y la palma hacia arriba, es de gran utilidad hacer el gesto de «ven» con los dedos. De ese modo, se estará activando el famoso punto G. Algunas personas llegan a tener una eyaculación de esta manera, pero me parece interesante disfrutar el camino, más que ir en búsqueda de la meta de eyacular. Otras personas utilizan un dildo hecho con obsidiana o cuarzo rosa. Si bien está hecho de cristal y al principio es frío, después toma la temperatura corporal. El poder de los cristales es muy fuerte, así que puede ser sanador el uso de estos objetos. O del que te guste, por supuesto.

En la práctica de yoga hacemos *Mula Bandha*, que es un cierre energético que se usa para que la energía no se fugue, sumado a otros cierres que se realizan en el cuerpo físico y que tienen un impacto a nivel emocional y mental. En la práctica de ashtanga yoga se aconseja el uso de *Mula Bandha* en todas las posturas todo el tiempo, pero sobre todo en aquellas que son más exigentes, como puede ser una postura invertida. Los *bandhas* formaban parte del conocimiento secreto de la Antigüedad. Los maestros yoguis enseñaban estos cierres energéticos a los practicantes avanzados de esta disciplina. En la actualidad, ese conocimiento está disponible para todos, pero muchas veces lo olvidamos. Si los hombres o personas que tienen pene hacen *Mula Bandha*, van a poder contener la eyaculación; las mujeres y personas gestantes que hacen *Mula Bandha* pueden tener orgasmos más intensos con esta práctica.

Mula Bandha es el nombre yogui de lo que los médicos llaman «ejercicios de Kegel». Estos consisten en contraer a voluntad los músculos encargados de colaborar con la eliminación de la orina. Puede hacerse, por ejemplo, dos veces al día en secuencias de diez repeticiones cada vez. De este modo, se activan los músculos del suelo pélvico durante la vida cotidiana, como una forma de entrenamiento y de búsqueda de consciencia de lo que sucede ahí abajo. Puedes ir más allá: si contraes y relajas los músculos de la vagina en el momento del acto sexual, el orgasmo será más potente. También es importante que la respiración sea fluida, no contenida ni entrecortada, que llegue profundo a la barriga, tanto en la vida cotidiana como en el momento del acto sexual. Por eso, es importante aprender a relajar la vagina, el suelo pélvico y el ano.

En tantra y en bioenergética se usa mucho la respiración por la boca, con sonidos que ayudan a liberar, a modo catártico. Tener la mandíbula y la lengua floja y respirar por la boca tanto para inhalar como para exhalar puede llegar a ser un ejercicio potente, no porque sea difícil sino por el impacto que produce. Tiene la particularidad de que llega directamente al corazón. Y así entramos en el último tema que quiero desarrollar en este apartado: el chakra cardíaco, el pecho y las tetas.

A través de la práctica del tantra he aprendido que la estimulación y masaje de las tetas moviliza las emociones contenidas en el pecho. No resulta difícil de imaginar, porque las tetas están cerca del corazón, y en nuestra cultura siempre decimos que el corazón es el centro de las emociones, aunque estrictamente sea el cerebro. Pero el corazón sí es el centro sutil o el espacio energético donde guardamos nuestros tesoros. De ahí que una sesión de respiraciones por la boca hechas a conciencia pueda producir una explosión emocional. En el caso de las mujeres y las personas gestantes, la estimulación de los pezones con el tacto o la succión hace que el orgasmo sea más potente. Al parecer, hay una conexión directa entre ese estímulo y la contracción y relajación del útero. De hecho, estamos replicando una dinámica que tiene lugar tras el nacimiento de un ser humano, cuando el bebé se prende al pecho de su madre y empieza a tomar la leche: la succión colabora con la expulsión de la placenta. Esto mismo sucede con las tetas, solo que muchas de nosotras tenemos vergüenza de la forma que tienen, porque no se ajustan al estándar de cómo deberían ser. Por eso, creo que es fundamental darnos el tiempo de masajearnos las tetas con algún aceite que nos guste y que sea apto para masajes. En ayurveda, la medicina india, se usa el aceite de coco, oliva, sésamo, girasol o *ghee*. Es importante que sean de primera prensada y orgánicos porque con el masaje van a entrar en las capas profundas de la piel.

El movimiento de masaje de las tetas es circular y hay que acompañarlo con la respiración. Necesitas estar en un espacio donde nadie te interrumpa y tomarte este momento a solas para tu disfrute.

Por último, comparto algo que me ha sido de gran ayuda para sentirme a gusto en mi propia piel: el nudismo. Si te animas, puedes hacerlo en playas o lugares donde esté permitido, pero no hace falta que lo hagas si te parece muy extremo. Andar sin ropa en tu casa, dormir sin nada, mirarte en el espejo y hacerte fotos puede ser de mucha ayuda. Lento, a tu tiempo y cuando lo sientas.

Quiero cerrar este capítulo con un pequeño apartado de cosas que cada Venus puede llegar a disfrutar a la hora del sexo. Puedes leerlo del mismo modo en que leíste los capítulos anteriores, es decir, si Venus está en aspecto a Marte en tu carta natal, fíjate en Venus en Aries. No es mi intención hacer un manual sobre sexo, ni ofrezco recetas cerradas y rígidas, pero tal vez esto te sirva como disparador de tu propia búsqueda.

Venus en Aries es muy salvaje. Cuando llega el momento del acto sexual, disfruta de ir al grano, sin vueltas y sin juego previo. En la calle, en un coche, en el parque. Morder, clavar las uñas, agarrar del pelo y tironear es una fuente de placer para esta Venus, en donde se expresa la animalidad del sexo y también la violencia. Por supuesto que esto requiere que logremos un acuerdo con quien(es) estemos teniendo sexo, para que esté dentro de los límites del placer.

Venus en Tauro necesita ir muy lento a la hora del encuentro íntimo. Con ansiedad no hay placer. Es como en el *hit* del año 2017 de Luis Fonsi y Daddy Yankee: «Despacito, suavecito y pasito a pasito». Esto quiere decir que es necesario el ritual de conexión y el contacto físico que va de menos a más. También puede ser importante para esta Venus el paso previo de la cena y el cortejo. Y luego los masajes con aceites y cremas, en un espacio que sea cómodo y bonito. Además, puede disfrutar de incluir la comida al momento del sexo: ropa interior comestible, preservativos con sabor o hasta pasarle la lengua por el cuerpo al otro después de untarlo con miel, nata, chocolate o lo que te apetezca.

Venus en Géminis necesita la comunicación a la hora del encuentro. Mientras su cerebro esté estimulado, hay garantías de pasarlo bien. Disfruta del *dirty talk*, o sea, decir lo que piensa, siente o tiene ganas de explorar. Es el sexo charlado. Y en esta misma línea, Venus en Géminis disfruta de la previa a la distancia, como mandarse mensajes con fotos *hot*. Esta Venus también puede encontrar placer en las ilustraciones eróticas o incluso el animé porno, el *hentai*. También puede encontrar interesantes los juegos de rol, con disfraces, o bien simplemente hacer como si no conociera al otro, encontrarse en un bar y jugar a que recién se conocen y seducirse. ¿Y qué tal un trío?

Venus en Cáncer se erotiza con la intimidad y la conexión emocional. Que la otra persona esté vulnerable o llore también la enciende, no desde la perversidad o el morbo, sino desde la ternura. Esta Venus también disfruta mucho de las caricias y la suavidad. Puede pasar de estar viendo una película a tener sexo. Es que la cercanía abre el espacio para que algo más suceda. Normalmente comienza de manera sutil, sin que intervengan los genitales en primera instancia, pero sí las caricias, y luego empieza a subir la temperatura. Para que esta Venus disfrute del sexo necesita confianza y conexión emocional, aunque eso no quiere decir que tenga que estar enamorada, claro que no.

Venus en Leo necesita que la adoren, cortejen, elogien y saberse atractiva para la otra persona. Que le digan cosas bonitas todo el tiempo, que le hagan regalos y que la otra persona sea muy buena en lo que hace. Mejor dicho, que sea la mejor en el deporte, el arte, el yoga, la astrología, la política, la tecnología o lo que sea que se dedique. Ese es un afrodisíaco muy potente. Venus en Leo también busca el protagonismo a la hora de la intimidad. Una de las fantasías sexuales más intensas de esta Venus es ser el centro de la escena. Por ejemplo, una mujer con dos hombres, un hombre con dos mujeres o simplemente ser el centro, más allá del género y la identidad sexual.

Venus en Virgo es una trabajadora del sexo. Esta Venus va a buscar satisfacer a su pareja y hasta que eso no sucede, no se queda tranquila. Tiene algo de *geisha*. También es de tener rituales e ir paso a paso a la hora del encuentro, nada de correr. En su cabeza tiene un mapa de zonas erógenas, las conoce a la perfección y hace uso de ellas. Hay algo interesante en esta Venus: si bien hace todo lo que está a su alcance para que su pareja disfrute, conoce muy bien sus límites y no va a entregarse más allá de lo que sienta. Esta Venus va a ser muy buena para darse placer a sí misma.

Venus en Libra prefiere la sutileza antes que lo explícito y, en ese sentido, va a subir la temperatura con todo el juego previo de seducción. Necesita de los piropos a la hora del encuentro. Disfruta muchísimo de la ropa interior pensada para la ocasión. A esta Venus le pueden gustar las películas de porno *soft* o eróticas, también filmarse o hacerse fotos durante el acto sexual para luego verse y volver a encenderse. La única condición es que tienen que ser cuidadas y no muy obvias.

Venus en Escorpio puede disfrutar de los juegos de dominación y sometimiento. Es importante, en este tipo de dinámicas, que haya consentimiento y acuerdo previo. Los niveles de intensidad pueden variar: desde tener los ojos tapados o las manos atadas hasta prácticas sadomasoquistas. En todos los casos es clave avanzar con cautela y chequear qué tan cómodos nos sentimos. Esta Venus también puede sentir curiosidad por el sexo tántrico, que normalmente dura más que el sexo al que estamos acostumbrados porque el hombre controla la eyaculación y el foco está puesto en el disfrute de la mujer. Hago referencia a parejas heterosexuales no porque sea la única forma, sino porque la mayor parte de la tradición tántrica está centrada en este formato.

Venus en Sagitario disfruta de buscar a su pareja. Es una amazona y cazadora nata. Ella hace lo que quiere, cuando quiere y con quien quiere, no tiene reparos en ese sentido. La zona que se enciende fácilmente es la de los muslos, las caderas y las ingles. Sagitario es, además, un signo asociado a los viajes y a los espacios abiertos. Una fantasía puede ser tener sexo con alguien de otro país, o también tener sexo en una fiesta o al aire libre, en la naturaleza.

Venus en Capricornio puede ser muchísimo más libre de lo que habitualmente pensamos, pero los acuerdos tienen que ser claros. Así que puede disfrutar de prácticas *swinger*, donde las normas son explícitas. O incluso puede tener la fantasía de recibir dinero a cambio de sexo, aunque sea como un juego. También puede disfrutar del sexo que va directo al grano, sin besos ni abrazos, ni ternura. O todo lo opuesto, le pueden gustar los rituales a la hora de tener sexo, el momento a momento. Como se ve, el abanico de opciones es amplio y necesita tiempo y exploración para desplegarse. Capricornio es un signo vinculado al tiempo y se abre en la adultez más que en la juventud.

Venus en Acuario necesita la conexión intelectual y se excita con la mente del otro. Le van a gustar las personas que sean diferentes o tengan algo exótico, a sabiendas de que lo raro depende del contexto. Puede llegar a conocer a su pareja en aplicaciones de citas, en redes sociales, a través de amigos de amigos, o de personas con las que tenga afinidad intelectual. Venus en Acuario va a necesitar libertad y espacio para moverse, y le gusta probar todo lo que estimule su imaginación: tríos, *swinging*, orgías... o nada de esto si no tiene ganas, en ese sentido es muy libre. Esta Venus es la abanderada de ir más allá del género. Por otro lado, hay algo interesante en esta Venus: puede conectar y desconectar fácilmente. Que tenga sexo con alguien no significa que tenga que repetir el encuentro; también puede tener una conexión muy profunda con el otro sin que intervengan los genitales, es decir, que solo quede en el terreno mental. Venus en Acuario suele tener vínculos que involucran la amistad y el sexo, y que solo quedan ahí, no se convierten en una relación de pareja formalmente establecida.

Venus en Piscis puede gustar de todos, sin importar el envase en el que haya venido esa persona. Se enamora del alma, no le importa si es hombre, mujer, travesti, trans. Ve belleza donde los demás no la encuentran. Esta Venus necesita conexión emocional y álmica para encenderse. Puede tener experiencias místicas en el acto sexual y, de este modo, se convierte en algo sagrado. Por eso, las prácticas de sexo tántrico, en las que el sexo es una meditación, pueden irle muy bien. Esta Venus puede llegar a disfrutar del sexo bajo los efectos del alcohol o de drogas relajantes. Sin hacer apología del uso de sustancias, pero a sabiendas de que existen, mi sugerencia es que sea con extremo cuidado. Por otro lado, los pies son erógenos para esta Venus, así que un masaje o caricias en esa zona del cuerpo suben la temperatura. Por último, esta Venus puede tener una conexión profunda con el otro más allá de los genitales, de modo muy parecido a lo que ocurre con Venus en Acuario.

15

CON PLACER VAS A PARIR[54]

Los dichos populares hablan sobre nuestra forma de percibir y sentir. Decimos «es un parto» o «qué parto» cuando una situación es compleja, larga y dolorosa, porque nuestra cultura considera que traer un ser humano al mundo tiene estas características. Así como el movimiento feminista y de disidencias sexuales crece en el mundo, también lo hace el movimiento que promueve el parto respetado. «Parto respetado», «parto humanizado» o «parto fisiológico» son las denominaciones que recibe el parto donde no interviene la medicina alopática. Cuando hablamos de parto, entendemos que es un proceso normal y natural y solo está justificado intervenir si se presenta una complicación. En el paradigma hegemónico todo gira en torno al ginecólogo que dirige el parto, siendo la función de la mujer o persona gestante seguir sus indicaciones. Muchas veces se rasura el vello púbico para comodidad del profesional o se rompe la bolsa para acelerar el proceso de parto, y se practican cesáreas por razones similares. De hecho, romper la bolsa muchas veces termina complicando un parto que hubiese finalizado de manera natural sin esa intervención. Es bastante habitual que el médico rompa la bolsa, ese bebé se

---

54. Texto basado en la entrevista que les hice a Luisina Troncoso y Julia Gentile para este libro. El título es un juego de palabras del libro de Casilda Rodrigáñez, *Pariremos con placer*.

mueva y termine de nalgas o «de cara al cielo», con lo cual, el parto natural se complica y ante el riesgo, terminan practicando una cesárea. De todas maneras, han nacido bebés de nalgas, con lo cual, tampoco es absolutamente necesaria la cesárea.

Muchas veces se argumenta en contra de los partos fisiológicos diciendo que hay un mayor índice de mortalidad que en hospitales. Según me cuentan las doulas Luisina Troncoso y Julia Gentile, la mortalidad o complicaciones en partos de estas características pueden darse por hemorragias o por problemas de salud preexistentes, por ejemplo, hipertensión. En cuanto a las hemorragias, hay un índice mayor en mujeres y personas gestantes que llevan una alimentación industrializada, mientras que aquellas que tienen una alimentación más natural y con menos químicos, conservantes y estabilizantes, tienen menores probabilidades de sufrir sangrados excesivos.

En el pasado, otra causa de la muerte de mujeres durante el parto era la cantidad de embarazos e hijos. A esto se le sumaba un estado de salud precario y tareas cotidianas en el campo o en la industria que requerían mucho esfuerzo, realizadas además en condiciones deficientes. Según las estadísticas actuales, hay seis muertes por cada mil nacidos vivos en la Argentina[55] debido a causas desconocidas, independientemente de dónde y cómo ocurrió el parto. Esto nos lleva a concluir que el parto debe ser normal, a menos que se demuestre que es necesaria una intervención debido a un estado de salud previo deficiente o a que haya una complicación en el embarazo (parto pretérmino, estados hipertensivos del embarazo, crecimiento intrauterino res-

---

55. https://datos.bancomundial.org/indicador/SH.DYN.NMRT?-view=chart

ASUNTOS DE VENUS

tringido, embarazo múltiple o inducción del parto), donde es recomendable recurrir a cuidados o intervenciones específicas. El parto normal es aquel que comienza de manera espontánea y en el que la mujer o persona gestante genera su propia oxitocina y contracciones, que resultan adecuadas y suficientes para dilatar y empujar al bebé por el canal del parto hasta que finalmente sale por la vagina.[56] Astrológicamente, la maternidad y el parto son temáticas de la Luna, pero el placer es de Venus. Este capítulo puede tener un sentido adicional para ti si tienes Venus en Cáncer, Venus en Casa 4 o Luna y Venus en aspecto.

Es interesante investigar lo que sucede durante el parto con la producción de oxitocina, que es la misma hormona que aumenta en el momento del orgasmo. Las mujeres y personas gestantes producen su propia oxitocina durante el parto; para ello, es fundamental el medio en donde ocurre. Si hay tranquilidad, libertad y confianza, la producción de oxitocina será adecuada para que el parto se desarrolle con normalidad y con placer. En un parto movido exclusivamente por oxitocina endógena, las contracciones serán menos dolorosas y más llevaderas que las originadas por la oxitocina sintética, que muchas veces se utiliza para acelerar el parto. El cerebro produce endorfinas que nos ayudan a descansar y nos proporcionan sensación de bienestar, lo que reduce la necesidad de otros tipos de analgésicos. Tras el parto, esas mismas hormonas facilitan el vínculo con el bebé y la lactancia.[57] Así como resulta difícil tener un orgasmo cuando estamos pasadas de revoluciones, con

56. https://www.elpartoesnuestro.es/informacion/parto/que-es-el-parto-fisiologico

57. https://www.elpartoesnuestro.es/informacion/parto/el-papel-de-la-oxitocina-y-otras-hormonas

muchas cosas en la cabeza y estresadas, también será difícil disfrutar del parto si estamos en un quirófano, que probablemente sea higiénico y aséptico, pero poco conectado con el proceso natural del parto.

La oxitocina es la hormona del amor, de la calma y el contacto, y se libera cuando se dan estas condiciones; la adrenalina, en cambio, es una hormona que los mamíferos liberamos en situaciones de emergencia, cuando tenemos frío o miedo o nos sentimos en peligro, y es inhibidora de la oxitocina. De esta manera, la naturaleza regula la producción de oxitocina. La frena en los momentos en que sería peligroso dar a luz, por ejemplo, si se encontrarse un depredador cerca. Después de todo, los seres humanos somos mamíferos y tenemos una dimensión animal que muchas veces olvidamos y queremos obviar o controlar.

Algunas mujeres y personas gestantes necesitan gritar, gemir o aullar cuando están pariendo. El lado salvaje pide salir. En esos casos, muchos profesionales de la salud terminan censurándolas pidiéndoles que se callen. Michel Odent, médico obstetra, dice que «más que hablar de humanizar (el parto), me gusta emplear la palabra *mamiferizar*. Somos mamíferos y de esta manera se naturaliza el parto. Más que controlarlo, hay que guiar a las gestantes hacia la conclusión de un fin, que es traer un niño al mundo». (M. Odent, 2013). Por eso, él no cree que sea necesario intervenir en el parto, sino acompañar e intervenir solo en caso de necesidad.

El parto es un proceso de amor pleno entre ambos seres, que culmina en el momento que el recién nacido reposa sobre el pecho de la madre. Luego vendrá la lactancia, donde también interviene la oxitocina. Así como el parto puede ser placentero y orgásmico, también puede serlo la lactancia. Muchas mujeres y personas que dan de mamar sienten mucho placer al hacerlo, pero les da vergüenza reconocerlo, porque es un tabú que aún no hemos aceptado socialmente. Los bebés están en la fase oral, la primera etapa de desarrollo libidinal, es decir, el primer placer sexual que experimentamos. Y puede ser también una experiencia placentera para la persona que amamanta. Durante el puerperio, etapa donde suele bajar el deseo sexual, la persona tal vez no experimente placer al tener sexo con su pareja o amante, pero sí con la lactancia y la conexión con su cría.

16

PREGUNTAS FRECUENTES

¿Qué pasa cuando Venus está en Casa 1? ¿Es como Venus en Aries?

La respuesta es compleja. Sucede algo similar con Venus en Aries, en el sentido de que la persona expresa su Venus natal sin demasiada consciencia. Aprender a hacerlo de manera más consciente lleva tiempo. Por eso, creo que Venus en Casa 1 se parece más a la energía del ascendente de la carta natal, que es una energía que tenemos que aprender a modular. Como todo aprendizaje, no se hace de un día para otro. Teniendo en cuenta todo esto, entonces, si en tu carta natal tienes Venus en Casa 1, uno de tus grandes desafíos será aprender a encarnar la energía venusina. Con las personas que tienen ascendente en Tauro o ascendente en Libra ocurre algo semejante. Pero antes de entrar en eso, quiero darte algunas pistas sobre el desafío de cada Venus en esta casa:

– Si Venus está en un signo de Fuego (Aries, Leo, Sagitario) en Casa 1, el desafío será descubrir qué es lo que quieres, qué es lo que te estimula y apasiona, y mostrárselo al mundo, no guardártelo. Es interesante que observes si en el camino te vuelves muy demandante de atención o muy competitiva.

– Si Venus está en un signo de Tierra (Tauro, Virgo, Capricornio) en Casa 1, el desafío será, cuando encuentres aquello que te gusta, dedicarle tiempo para que se desarrolle, sin frustrarte ni castigar a los demás si no están a la altura de tus expectativas. Es interesante observar si en el camino te vuelves muy (auto)exigente.

– Si Venus está en un signo de Aire (Géminis, Libra, Acuario) en Casa 1, el desafío será aprender a prestar atención a lo que te gusta, y es probable que sean varias cosas a la vez. Es interesante observar si en el camino te vuelves muy volátil y te llenas de ruido con tanta información y tanta gente a tu alrededor.

– Si Venus está en un signo de Agua (Cáncer, Escorpio, Piscis) en Casa 1, el desafío será aprender a prestarle atención a tu mundo interior y al placer que generan los espacios íntimos. Es interesante observar si en el camino te encierras demasiado en tu burbuja y te olvidas del mundo.

¿Qué pasa con los ascendentes en Tauro y en Libra? ¿Qué tal con todo esto de Venus?

Creo que el gran desafío del ascendente en Tauro es la lentitud y aprender a registrar los ciclos de la naturaleza en el cuerpo: hay momentos donde tenemos energía y momentos donde no; hay momentos para activar y momentos para descansar. No se trata ni de la quietud total ni de la aceleración permanente. Esto mismo lo observamos en el ciclo de las estaciones. Los cambios ocurren de forma paulatina, no de un momento para otro. En esta línea, el ascendente en Tauro necesita aprender que cualquier cosa que deseemos construir tomará su tiempo y que lo mejor que se puede hacer es aprender a disfrutar del proceso.

Para el ascendente en Libra el gran aprendizaje será vincularse con un otro que, por definición, es distinto a mí. En este encuentro probablemente aparezca el conflicto. Si María quiere A y yo quiero B, entonces habrá que negociar y encontrar algún punto intermedio. Esto, desde ya, es mucho más fácil decirlo que hacerlo, sobre todo en el contexto actual, donde cancelamos todo lo que sea distinto. Además, será fundamental aprender a disfrutar y regular tanto los momentos de soledad como las instancias de socialización. Ni una ermitaña total ni un estar en todas las fiestas y eventos sociales. Los momentos de introspección serán fundamentales para que la persona se centre y no se pierda en los demás.

¿Qué pesa más: el signo donde está Venus, la Casa o los aspectos?

Todos los niveles de información son necesarios para comprender la Venus de cada uno, porque de ese modo se completa la información.

¿Qué información nos brinda Venus sobre los aprendizajes que tenemos que hacer en este momento de cambios de paradigmas? ¿Podemos interpretar a Venus en clave feminista en cuanto al merecimiento y la autoestima? ¿Cuáles serían esas interpretaciones?

Venus trae el principio del placer. Si bien Afrodita es una diosa mujer, la posibilidad de que las mujeres disfrutemos del sexo o seamos una prioridad para nosotras mismas nos estuvo vedada durante muchísimo tiempo. Las mujeres dedicadas a complacerse eran vistas (y aún sucede en muchos entornos) como libertinas. Sus familias y la sociedad las excluían y criticaban. Esto incluso ha justificado crímenes y delitos contra ellas. Por eso creo que recuperar el valor de Venus para las mujeres es, de algún modo, revolucionario. De hecho, en el 2018 y luego en el 2019, Urano entró en Tauro. Es decir, el planeta de las liberaciones y las revoluciones estará durante siete años en un signo venusino. Esto da pie a un proceso de liberación del placer. Dicho de otro modo, son años para aprender sobre la libertad de los cuerpos. No digo que sea sencillo, pero sí creo que es necesario.

¿Qué puede aportar Venus a estos movimientos que buscan repensar y volver cuerpo otras formas de vincularnos? ¿Qué tengo que saber para vivir mis relaciones de manera sana y no controladora?

Creo que uno de los mayores problemas que tenemos es que responsabilizamos a los demás de lo que nos pasa. La astrología es un camino que nos lleva de vuelta siempre a nosotros y a ver qué estamos haciendo con lo que nos sucede. Así como el principio esotérico fundamental de la astrología es «como es arriba, es abajo», hay otra máxima que dice «como es adentro, es afuera». Las personas con quienes nos relacionamos dicen algo de nuestra estructura. Muchas veces el otro es un espejo amplificado de lo que hay en nosotros, de otra manera, no estaríamos ahí. A veces se trata de una pauta vincular heredada de nuestra familia y de la cultura a la que pertenecemos, pero nunca es algo ajeno por completo. Esto es lo más complicado y difícil de aceptar. El trabajo con Venus nos lleva a nuestro interior.

Creo que otro de los problemas es que les pedimos a las personas que nos den el placer que no somos capaces de darnos. Por otro lado, esto de las relaciones controladoras, celosas o posesivas responde a una pauta cultural propia del capitalismo, por la cual creemos que el otro nos pertenece. Es decir, la noción de propiedad privada. Esperamos que el otro sea todo, ponemos todas nuestras esperanzas ahí, queremos que el otro llene un vacío que nunca va a poder llenar, nos volvemos voraces, nos queremos comer al otro y, por supuesto, terminamos descartando la relación porque alguno de los miembros se agota. Este es el consumismo de *úsalo y tíralo*. El apego también habla de nuestra naturaleza mamífera. Creo que no sirve negar esta realidad y llenarnos la boca de palabras como *soltar, fluir, desapegarse*, porque este mecanismo no se desarma fácilmente. Lo primero es aceptar que esto nos sucede, hablarlo, explicitarlo, sacarlo a la luz, y luego aprender a llevar esa potencia hacia otro terreno. Creo que es fundamental descentralizar el amor: no todo es la pareja, también están las amistades, los animales, las plantas y un montón de otros seres que no llegamos a ver, pero que están ahí. ¿Qué pasa con los *otros* vínculos? Recomiendo repasar los capítulos de Venus en Escorpio, Venus en Acuario y Venus en Piscis.

Venus está muy asociada a lo femenino y receptivo. ¿Cómo podemos entender a Venus en relación con lo masculino? ¿De qué forma se puede trabajar nuestra Venus para que salga a la conquista de aquello que valora y no se quede simplemente esperando a ser admirada?

No es propio de Venus ir a la conquista de algo. El planeta que hace ese movimiento es Marte, que es activo, tiene una cualidad asertiva y penetrante. Cuando Venus está en Aries o Sagitario, en aspecto a Marte o Júpiter o en casas 1 o 9, se vuelve activa y cazadora. Lo propio de Venus es la apertura y la receptividad, ser lo suficientemente atractiva y seductora como para que las personas y las cosas lleguen a ella sin hacer grandes esfuerzos, sin batallar. Necesitamos aceptar que no todo tiene que ser esfuerzo y estar en movimiento permanente. Por supuesto que este principio, si es llevado al extremo, puede traer algunos problemas como el letargo, la apatía, la pereza o, simplemente, el quedarnos con lo que está disponible y servido en bandeja. Me parece que hay algunas formas de vivir a Venus que son más interesantes, como desarrollar aquello que nos da placer según el signo, aspectos y casa de nuestra Venus natal. También se puede vivir lo venusino a través de la masturbación y el placer individual, o encontrar placer en otros vínculos y que no todo gire en torno a la pareja, o llevar lo venusino al terreno de nuestro trabajo y ganar dinero con ella.

¿Venus está asociado con la expresión de los deseos?

Liz Greene es una astróloga que me gusta muchísimo. Ella asocia Venus al deseo, pero es un deseo que no está seguido de una acción para concretarlo. Es como soplar las velas cuando cumplimos años o mandarles una carta a los Reyes Magos; Venus espera que la situación venga servida en bandeja. Creo que es interesante conectar con Venus para convocar la sensación de «merezco una vida hermosa» y que no todo sea producto del esfuerzo. Personalmente, no me siento a gusto asociando la palabra *deseo* a Venus, porque creo que el deseo también necesita una acción que lo lleve a cabo, y esta no es una lógica venusina, sino que es marcial, es decir, relacionada con Marte. Esta sí es una forma propia de Venus en Aries o en aspecto a Marte, o bien, de Venus en Sagitario o en aspecto a Júpiter, dos excepciones que he mencionado varias veces a lo largo de este libro.

¿Venus tiene significados distintos de acuerdo a nuestra identidad de género? ¿Qué pasa con Venus en un hombre? ¿Se proyecta?

Para la astrología tradicional, las mujeres encarnaban los principios venusinos de la receptividad, la estética, la belleza, el arte, mientras que los hombres se asociaban a los principios marciales: eran valientes, aguerridos y corajudos, decididos. Por eso se decía que en la carta de los hombres heterosexuales, Venus representaba el tipo de mujer que les atraía para un romance y la Luna, el tipo de mujer que les gustaba para conformar una familia. La mujer que servía para tener sexo y disfrutar no era la misma que la que servía para casarse y tener hijos. La carta de una mujer heterosexual se interpretaba bajo la misma lógica: el Sol y Marte eran los indicadores del tipo de hombre que les gustaba. Marte representaba al amante, mientras que el Sol era el hombre con quien podía casarse. Así, la mujer que era madre y esposa era la Luna, lo que significaba que no tenía luz propia y que su vida giraba en torno al hombre, la casa y los hijos.

La astrología explica la forma en que funcionamos los seres humanos: este lenguaje pretende dar pistas sobre cómo trabajar la integración de las distintas dimensiones de nuestra vida. En este momento de la humanidad, y sobre todo en determinados contextos, se están abriendo espacios para que las mujeres manifiesten su Marte y expresen su rabia, para que compitan, conquisten y alcancen lo que quieren lograr, y también para que los hombres se depilen, maquillen y se preocupen por su apariencia sin que la sociedad los cuestione. Esto no sucedía hace algunos años y todavía resulta chocante en determinados entornos. Por otro lado, creo que quienes han sido más dinámicos en la expresión de Venus, Marte, el Sol y la Luna han sido los gays, lesbianas, travestis y trans, porque su forma de vivir no responde a los cánones habituales y tradicionales de lo que un hombre o una mujer deben hacer. Lamentablemente, han tenido que pagar un precio por esto: han vivido en secreto, han sido reprimidos y excluidos de sus familias y de la sociedad, pero creo que ese colectivo ha operado como vanguardia en esto de alquimizar las distintas funciones de la carta natal.

¿Venus se hace presente cuando estamos en pareja?

Venus aparece, sobre todo, en el momento inicial del vínculo: es el momento de la seducción, el coqueteo, cuando buscamos gustar y ser atractivos, cuando estamos enamorados, *flasheados*. Pero cuando esa relación se consolida, suele aparecer la Luna y Venus queda escondida en el armario, a menos que Venus esté en un signo de Tierra o Agua. En estos casos, Venus aparece después de un tiempo de relación o cuando hay una gran intimidad. Son las Venus que se sienten cómodas en formatos más estables, salvo que haya otros indicadores astrológicos que expresen otro tipo de voluntad (aspectos a Urano, Marte o Júpiter). Pero si Venus está en un signo de Fuego o Aire, en un vínculo consolidado, va a sentir que gana en seguridad y pierde magnetismo. Por eso es tan importante seguir alimentando a Venus. Algunas personas consideran que tener una relación poliamorosa o abierta es la forma de no perder a Venus; otras creen que la manera es seducir sin concretar; otras piensan que se consigue si, más allá de que la pareja esté consolidada, nos arreglamos y vestimos bien; para otras se consigue a través de la danza, pintando mandalas o practicando sexo tántrico. No sé si hay una receta. No tengo la pretensión de que este libro funcione como una, pero estoy convencida de que necesitamos seguir actuando a Venus para el bienestar propio, más allá de la pareja, porque si no, esa Venus se proyecta: los otros son atractivos y hermosos y yo, no.

¿Qué relación tiene Venus con la Luna de la carta natal?

Los dos planetas están vinculados a lo afectivo, el amor y la conexión, solo que desde lugares muy distintos. Con la Luna se busca la seguridad emocional y el establecimiento de la relación, mientras que con Venus se persigue la magia del encuentro, sin importar lo que suceda después.

¿Venus se relaciona solo con los vínculos de pareja o con todos?

En realidad, con todos. Si tenemos en cuenta que Venus rige a la Casa 7, que es la casa de la pareja y de toda relación de a dos, de pares, esto incluye a los socios y también a los enemigos declarados. Esto es interesante porque en la Casa 7 encontramos información sobre las personas con las que nos enfrentamos, entendiendo que son reflejos y espejos de algo que está en nosotros, pero que no podemos ver, a menos que nos veamos en el vínculo con los demás. De esta forma, Venus y la Casa 7 aportan información sobre algo que está medianamente oculto en nuestra personalidad y que descubrimos a través del encuentro.

¿Venus es como nos vestimos también?

Sí, el *look* y nuestro criterio estético están asociados a nuestra Venus. A una Venus de fuego le gusta la ropa llamativa y vistosa; a una de tierra, que sea de buena calidad y esté a buen precio; a una de aire, la indumentaria creativa e innovadora; y una Venus de agua suele modificar el estilo según sus cambios de ánimo.

¿Qué relación hay entre Venus y las cirugías estéticas?

El objetivo de una cirugía estética es venusino, es decir, embellecer, pero normalmente tiene algo de Casa 8, Escorpio o Plutón, por la necesidad de transformación.

¿Cuál es la relación de Venus con el amor propio?

Venus es el indicador del amor propio, la autoestima y aquello que nos parece importante. Por eso es fundamental desarrollarlo.

¿Qué hago si mi pareja no tiene sexo conmigo?

Lo primero que me sale decir sobre esta pregunta es que si el sexo es un acto consentido entre dos personas, entonces el otro no tiene sexo contigo, sino que tienen sexo los dos. ¿Hablaste con tu pareja sobre esto? Tal vez sea una etapa, nada más. Si quieres, puedes esperar y tener paciencia. También tienes la opción de darte placer o de ir a buscar a otra persona que sí quiera tener sexo. Mi sugerencia es que, en todos los casos, se charle y explicite.

¿Qué hay de la compatibilidad entre los signos de Venus?

Creo que podemos mirar la compatibilidad entre elementos. Los elementos son, a mi modo de ver, la base de la astrología, y resultan las categorías más sencillas para una rápida comprensión. Habitualmente, las Venus de un mismo elemento se relacionan de manera fluida entre sí. También las Venus de fuego (Aries, Leo, Sagitario) con las de aire (Géminis, Libra y Acuario) por un lado, y las de tierra (Tauro, Virgo y Capricornio) con las de agua (Cáncer, Escorpio y Piscis) por otro. Será más conflictivo el encuentro entre las Venus de fuego y tierra, y las de aire y agua, porque las formas de proceder son muy distintas. Las Venus de fuego buscan la explosión y la rapidez, mientras que las de tierra necesitan la construcción lenta y paso a paso, así que ya podemos visualizar dónde estará el conflicto. Las de aire necesitan diversidad en los vínculos, y las de agua, la conexión profunda, con lo cual el conflicto entre estas Venus estará dado porque las Venus de aire van a querer entrar y salir rápidamente de las relaciones, mientras que las de agua buscarán una simbiosis. Las Venus de fuego y las de agua son muy emocionales en su forma de manifestación y ahí puede haber encuentro, solo que las de fuego son más bien avasallantes y las aguas van lento y profundo. Por otro lado, las Venus de tierra y las de aire necesitan bastante espacio en sus relaciones y piensan mucho antes de involucrarse. Sin embargo, a las de aire les cuesta poner el foco en el vínculo, mientras que las de tierra tienden a comprometerse con sus vínculos una vez que deciden entrar. Esta es una explicación muy rápida y sencilla sobre la compatibilidad entre las Venus, pero la verdad es que no he profundizado en el tema porque pienso que nos gustan y atraen personas, independientemente del casting zodiacal que podamos hacer a conciencia. Muchas veces vemos un *match* perfecto en términos astrológicos, pero luego no tiene éxito en un plano real. ¿Por qué? Puede ser que las personas no hayan desarrollado de modo consciente esos puntos de la carta natal que «dan la compatibilidad», pero también puede deberse a que, como me dijeron una vez, el amor parece ser la suma de sincronicidades, es decir, de múltiples casualidades y coincidencias. Por otro lado, el enamoramiento o las relaciones brindan información sobre lo que está en nosotros en potencia o de manera inconsciente, entonces no elegimos de manera absolutamente consciente con quién estar y necesitamos vivir esa relación para lograr la alquimia interna. En resumen, no uses la astrología para controlar porque tampoco podemos controlar demasiado la vida.

17

ALGUNAS CONSIDERACIONES SOBRE EL FUTURO

Que la estructura tradicional de pareja está en crisis no es una novedad; los tránsitos de Urano y Plutón en Libra a principios de la década de 1970 fueron sincrónicos con la legalización del divorcio en muchos países y con el surgimiento de otras formas de experimentar las relaciones, más allá de la lógica del matrimonio, los hijos y la familia, que parecía ser el único formato. En el 2018, Urano ingresó en Tauro, donde permaneció unos meses, y luego volvió a entrar en Aires. En el 2019, reingresó en Tauro, signo venusino, donde se quedará hasta el 2025. Creo que este tránsito va a fortalecer las exploraciones de las últimas décadas, pero esa consolidación no será tan rápida como deseamos, más bien se producirá cuando nuestro organismo pueda procesarla. A nivel económico, político y social, con este tránsito, van a crecer las monedas virtuales, la digitalización del dinero, la tecnificación y automatización del trabajo y también se hará cada vez más evidente la crisis ecológica que estamos atravesando, la necesidad de abandonar los combustibles fósiles y mutar hacia una alimentación global basada en plantas, así como el creciente impacto del feminismo y las demandas en torno a la libertad del cuerpo, el disfrute, el aborto legal y la identidad de género. En cuanto a lo específicamente relacional, seguirán desarrollándose los formatos vinculares no tradicionales. Si lo que conocíamos hasta ahora eran relaciones monógamas y heterosexuales, lo que ahora vendrá será más abierto. Esta es una tendencia que crece en las ciudades grandes de Occidente, que de algún modo entró en pausa y se reconfiguró durante este tiempo de pandemia. ¿Cómo puedo vivir libremente mi sexualidad si el otro me trae el riesgo de contagio? ¿Cómo puedo vincularme abiertamente, si estamos yendo a un mundo cada vez más polarizado, donde la cultura de la cancelación forma parte de nuestra vida cotidiana? ¿Son el *sexting* y la masturbación nuestras recetas universales para lidiar con el aislamiento? ¿Qué pasa con nuestra necesidad *mamífera* de contacto? ¿Qué pasa con *el resto* de lo que vive en este planeta? Todo esto también es temática venusina y será revisado durante el tiempo en que Urano esté en Tauro.

Creo que con el tiempo ya no usaremos las categorías de hombre y mujer. En el futuro probablemente seremos no binaries. Ojalá nadie tenga que salir de ningún *closet*: eso implicará que hemos recibido una crianza no *enclosetada*. Lo más importante es que hay una fuerza potente que provoca la caída de los juicios sobre los seres humanos y esto se debe a la movilización popular y a los crecientes debates en todas las disciplinas. Además, las mujeres están haciendo cada vez más espacio para su disfrute sexual, algo que siempre estuvo vedado, que incluso ha llegado a justificar violaciones y abusos contra ellas. En esta misma línea, habrá mejoras salariales y espacio para su desempeño profesional. O sea, los asuntos de Venus del placer y el dinero. Esta es, por supuesto, una proyección a futuro, y también mi deseo.

Creo también que la moda y la estética de género fluido se irán fortaleciendo, que habrá indumentaria para todos. También pienso que habrá una mayor inclusión de los trans en nuestra sociedad y lentamente empezarán a desempeñarse como docentes de Literatura, yoguis, youtubers famosos, profesionales del ámbito de la medicina, o lo que tengan ganas de hacer, más allá de la prostitución. Veremos, asimismo, familias o parejas no tradicionales, una trireja o cuatrireja —estoy inventando nombres, porque el lenguaje no llega a expresar lo que se está moviendo a nivel social—. Cada vez hay más personas que viven de a tres o cuatro, incluso que tienen hijos y los crían todos juntos. Creo que con el tiempo irán naturalizándose estos formatos.

Otro de los cambios que vendrá con la entrada de Urano en Tauro es el reconocimiento de las personas que se consideran a sí mismas asexuadas, es decir, personas que no tienen deseo sexual, sin que se dediquen a actividades religiosas ni hayan padecido ningún tipo de trauma que pudiera estar coartando la libre circulación de esa energía. Actualmente, tenemos cada vez más espacio para la exploración sexual y vincular, pero pareciera ser que lo único que contemplamos es que las personas quieren tener mucho sexo y gran cantidad de amantes y de experiencias. Sin embargo, la realidad es que hay personas a las que esto no les atrae. Pienso que es algo que también comenzará a ser aceptado. Por último, creo que habrá cada vez más protagonismo para todas las formas de belleza y todos los tipos cuerpos. Me parece que para lograr esta liberación uraniana que buscamos, necesitamos terminar con las estructuras que vienen de afuera, y construir las nuestras propias.

Coral Herrera Gómez dice: «Yo creo que no hay fórmulas mágicas para sufrir menos y disfrutar más: vivimos en la era de la customización y cada cual tiene que confeccionarse su propia utopía, su propia realidad y sus estructuras. Lo que le sirve a unos, no les sirve a otros. Y lo que te sirvió en una etapa de tu vida, no te sirve en otra, porque el paso de los años te va cambiando, vas mejorando y creciendo como persona, acumulas experiencias que te llevan a diseñar otro tipo de estrategias, y tienes otro tipo de problemas.

»El proceso de cambio ha de ser individual, pero también colectivo: es más fácil si en nuestros procesos podemos juntarnos con gente para hablarlo y compartir herramientas, dudas, problemas, teorías y prácticas. Para cuestionar todos los mitos, sean monógamos o poliamorosos, todas las normas, las modas, las prohibiciones y opresiones que pesan sobre nuestra cultura amorosa. Somos cada vez más personas con ganas de investigar y desmontar el patriarcado, reivindicar la diversidad sexual y amorosa, y trabajar personal y colectivamente por una transformación total (sexual, económica, política, social, afectiva, cultural). Sin embargo, la labor de destrozar estructuras no tiene por qué significar asumir estructuras nuevas igual de tiranizantes y dolorosas: cada cual que se construya la suya propia de acuerdo a sus gustos, necesidades y apetencias. En estas rupturas y estos cambios, es fundamental que podamos elegir con libertad nuestra manera de querernos y amarnos. Lo romántico es político: el proceso de transformación es individual y colectivo, pero tiene que ser divertido» (C. Herrera Gómez, 2015).

Por último, los años de Urano en Tauro (2019-2026) van a coincidir con la etapa final de los tránsitos de Plutón en Capricornio y Neptuno en Piscis. El tránsito de Plutón comenzó en el 2008 y tendrá vigencia hasta el 2024, mientras que el de Neptuno comenzó en el 2012 y finalizará el 2025. Estos dos tránsitos están dejando en evidencia el funcionamiento de la vieja sociedad. El tránsito de Plutón socava lenta y profundamente las raíces de este sistema que no solo es cruel con los seres humanos, sino con la Naturaleza. Neptuno nos trae de vuelta conocimientos ancestrales como la astrología y nos muestra el poder de los arquetipos en nosotros. Los arquetipos de la actualidad están, en buena medida, vinculados a los dioses y diosas de Grecia y Roma. Jean Shinoda Bolen dice:

«La mitología griega, como la sociedad griega, era patriarcal. Los dioses hombres eran poderosos y territoriales. El uso del poder para dominar o gobernar a los demás se daba por hecho y los hombres hechos a su imagen y semejanza se arrogaron los mismos derechos. En la mitología griega clásica, la violación era un tema recurrente. Zeus, el rey del Olimpo, engañaba, seducía, violaba, fecundaba y abandonaba a las madres de su numerosa progenie. Los sistemas patriarcales siempre son jerárquicos, son simbolizados con una pirámide o montaña y la posición más codiciada es la cumbre. Los humanos, los animales, las plantas, el mar y los minerales se explotan y utilizan para el beneficio y el poder de los que ocupan la cumbre de esa montaña. Los conflictos y las guerras se lidian para saber quién estará en la punta de la pirámide, con la destrucción añadida de la vida, la belleza y la esperanza que se halla en toda zona de guerra. La violación se utiliza como una metáfora cuando se aplica a las ciudades y a la tierra; pero allí donde hay guerra, las mujeres son violadas» (J. Sh. Bolen, 2016, p. 42).

Agrego que las mujeres y femineidades son violadas, abusadas y acosadas en situación de *normalidad*, es decir, aunque no haya un gran conflicto bélico, como parte de la vida cotidiana de un sistema que premia la dominación de unos sobre los otros. Por eso creo que la emancipación de las mujeres y del colectivo LGTBIQ necesita ir de la mano de otra forma de relacionarnos con la Tierra. Espero, deseo y anhelo que los años de Urano en Tauro nos traigan esta conciencia. Después de todo, Tauro es un signo de tierra vinculado al cuerpo, el placer y la naturaleza. Si te interesa profundizar en este vínculo entre mujeres, femineidades y la explotación de los animales, los bosques y los "recursos naturales", te recomiendo explorar autoras como Vandana Shiva y Yayo Herrero.

EPÍLOGO

Este libro, que se nutre de experiencias propias y de las personas que llegaron a mi consulta, me permitió profundizar en el significado de Venus en mi propia vida. Me llevó a preguntarme cómo nos relacionamos y cuál es el contexto en que vivimos nuestras relaciones. El nivel más conocido de Venus es el vincular, que se relaciona con el enamoramiento, el *flash* y el romance, con poner toda nuestra energía en gustar a los demás. Sin hacer un juicio de valor, creo que esto nos desplaza de nuestro eje. Por eso es fundamental trabajar el nivel taurino de Venus, es decir, trabajar nuestra autoestima y centrarnos en aquello que nos da placer. Las mujeres, en particular, sentimos aún el peso del cómo deberíamos comportarnos, cuál es el placer al que se nos habilita para que no se hable mal de nosotras y cómo tiene que ser nuestro cuerpo. El encuentro con el otro será más fácil y sano cuanto mejor nos sintamos en nuestra propia piel, es decir, cuanto mejor hayamos trabajado este nivel taurino de Venus.

Me gustaría subrayar también que vivimos en una cultura que incita la competencia con otras mujeres. Esto no tiene por qué ser así. Si me amo, no desde el narcisismo, sino desde el reconocimiento genuino de que soy valiosa, ese amor puede expandirse y multiplicarse a todas las personas a mi alrededor. Ya no necesitaré poner a nadie por debajo de mí para sentirme segura, podré ver a esa persona como un par. Y tampoco voy a poner a nadie por encima de mí para caer en un espiral de autocrítica. Al final, de lo que se trata es de salir de una forma de manifestación de Venus como regente de Libra, para entrar en una forma taurina, que luego nos permita volver a entrar en una forma libriana y así sucesivamente, en una danza constante.

Estos años me han enseñado que, en palabras de Coral Gómez Herrera, «no podemos depender de que otro adulto nos ame y nos cuide, y nos haga felices. Con una pareja podemos compartir la felicidad, pero no exigir que la otra persona tenga que cargar con su felicidad y con la tuya. No podemos cargar a nadie con algo que depende enteramente de nosotras, y no es justo, además» (C. Gómez Herrera, 2018). Es decir, la búsqueda del propio placer es clave. Qué nos lo proporciona es una información que viene con nuestra Venus natal. Vivir nuestra Venus traerá la aceptación profunda de lo que somos, que se convertirá en la puerta que habilite un encuentro sincero con el otro. Veremos los frutos de ese trabajo interno a través de los vínculos, no en un estado de aislamiento. Sobrevendrán potentes revelaciones en nuestras relaciones con los otros, que serán no solo producto del intercambio y la apertura, sino también de estar en contacto profundo con nuestro placer. Si uno es su principal fuente de amor, no hay espacio para el maltrato o el ninguneo de nadie. Por el contrario, se vuelve muy sencillo reconocer si una relación nos nutre o intoxica. Es más fácil poner límites y expresar las necesidades y deseos que tenemos.

Una vez que descubras qué es lo que te da placer, date el tiempo para vivirlo. Puede que lo encuentres bailando *hip hop*, flamenco o danza contemporánea, haciendo yoga, escribiendo poesía y yendo a una *jam* de lectura, con la cosmética natural, en un espacio de militancia y debate, en la marcha por la legalización del aborto o haciendo una investigación doctoral sobre género. Haz espacio a eso que te gusta y te nutre. Si lo haces por ti, lo haces por y para todos. Tu felicidad, placer, bienestar y alegría afecta a las personas a tu alrededor y las inspira también a buscar esos espacios. Se trata de una dinámica que es personal y vincular a la vez. Venus como regente de Tauro y de Libra. Y por supuesto, tiene un impacto a nivel colectivo.

Que tengamos problemas de autoestima o dificultades para disfrutar del sexo no es solo una cuestión personal —aunque es más fácil abordarlo desde este lugar—, sino que es un tema que atañe a la sociedad y a la cultura de la que formamos parte, con sus estándares de belleza y de placer, así como sus formas legitimadas de vivir la sexualidad. Es necesario observar nuestros problemas desde una perspectiva macro, pero es trabajándolos a nivel personal como se resuelven. De lo personal se vuelve a lo vincular y a lo colectivo, y todo vuelve a girar otra vez. Al fin y al cabo, Venus se potencia cuando entra en contacto con Urano, Neptuno y Plutón, los planetas transpersonales, que traen precisamente temáticas que trascienden a la persona.

Tenemos una tendencia a elegir la dimensión individual o la dimensión colectiva de manera excluyente. Pocas veces incluimos ambos aspectos en nuestros análisis y percepciones. Ambos polos son los extremos de un espectro o eje. Astrológicamente, sería el eje Leo-Acuario, con independencia de que esté activo o no en nuestra carta natal. Este eje muestra la tensión entre lo individual y lo social, pero es aparente, porque, como las dos caras de una misma moneda, no puede existir la una sin la otra. En la actualidad, una de las formas como se manifiesta este eje son los debates y cuestionamientos a la cultura hegemónica. Es verdad que el patriarcado es responsable por los asesinatos, abusos, violencia y acosos cometidos contra las mujeres, niñeces, femineidades y eso que llamamos Naturaleza, pero no eximamos de responsabilidad a los individuos que los perpetran. Si responsabilizamos a los individuos y decimos que son enfermos o depravados, probablemente también estemos en lo cierto, porque todos formamos parte de esta cultura, pero no todos actuamos de ese modo. Por eso, la perspectiva que nos permite superar la polarización es aquella que incluye ambos polos. La cultura no es una entidad abstracta, sino que encarna en individuos y se reproduce con nuestros actos. Los cambios que hagamos a nivel individual tendrán impacto a nivel colectivo. Cuando la sociedad cambie, los individuos tendrán más espacio para vivir de una manera que antes no estaba habilitada. A su vez, eso mismo ensanchará los márgenes colectivos. No habrá una forma de actuar polarizada: lo que estará en marcha es mecanismo que va girando. Tal vez tengo una mirada demasiado optimista del proceso que estamos viviendo, que no es sencillo ni siempre feliz, pero sí muy necesario.

AGRADECIMIENTOS

A la niña que fui, que quería ser escritora.

A los árboles, por haberse transformado en hojas de este libro.

A todas las personas que me abrieron fragmentos de su intimidad.

A Eva y Fer por haber hecho posible esta edición viajera de *Asuntos de Venus*.

BIBLIOGRAFÍA

Bolen, J. Sh., *Artemisa, el espíritu indómito de cada mujer*, Barcelona, Kairós, 2016.

—, *Las diosas de cada mujer*, Barcelona, Kairós, 1993.

Campbell, J., *El poder del mito*, Barcelona, Emecé, 1991.

Despentes, V., *Teoría King Kong*, Buenos Aires, Random House, 2018.

Flores Laymuns, P., *Sanando las relaciones de pareja*, Santiago de Chile, Ediciones Astroterapéutica, 2018.

Garriga, J., *El buen amor en la pareja*, Barcelona, Booket, 2013.

Greene, L., y H. Sasportas, *Los planetas interiores*, Barcelona, Urano, 1996.

Haebler, A., y H. Banzhaf, *Las llaves de la astrología*, Madrid, Edaf, 2007.

Herrera Gómez, C., «No eres tú, es la estructura: desmontando la poliamoría feminista», en *Pikara Magazine*, 4 de septiembre de 2015, https://www.pikaramagazine.com/2015/09/no-eres-tu-es-la-estructura-desmontando-la-poliamoria-feminista/

—, «Beneficios de trabajarse la autoestima desde el feminismo», en el Blog de Coral Herrera Gómez, 1 de

septiembre de 2018, https://haikita.blogspot.com
/2018/09/beneficios-de-trabajarse-la-autoestima.
html?m=1

Le Grice, K., *El cosmos arquetipal*, Girona, Atalanta, 2018.

Leveratto, B., *Cada siete años*, Buenos Aires, Aguilar, 2014.

Lodi, A., y B. Leveratto, *Astrología y tarot*, Buenos Aires, Buenos Aires, 2017.

Nichols, S., *Jung y el Tarot*, Barcelona, Kairós, 1991.

Odent, M., « El parto es amor y no admite instrumental ni medicinas», en *La Provincia*, 11 de noviembre de 2013, https://www.laprovincia.es/sociedad/2013/11/11/michel-odent-parto-amor-admite-10389250.html

Osho, *Coraje*, Ebook.

Pavoni, F., «Hoy es muy difícil pensar la afectividad por fuera del consumo», en *Página12*, 2 de noviembre de 2018, https://www.pagina12.com.ar/152273-hoy-es-muy-dificil-pensar-la-afectividad-por-fuera-del-consu, sobre las aplicaciones de citas y el consumo.

Tenenbaum, T., «Viva la diferencia», en *La Agenda Revista*, 8 de marzo de 2017, https://laagenda.buenosaires. gob.ar/contenido/3140-viva-la-diferencia?origin= Lupa. Entrevista a María Riot.